John Macquarrie

Heidegger and Christianity

ハイデガーとキリスト教

ジョン・マクウォーリー

村上喜良 訳

keiso shobo

HEIDEGGER AND CHRISTIANITY
by John Macquarrie

はじめに

一九九三年から九四年にかけて、私を招待しヘンズリ・ヘンスン(訳1)を記念する講義を行う栄誉を与えてくださったオックスフォード大学神学部の評議委員会に感謝を申し上げたい。招待状には、ヘンスン主教の遺言により、講義のテーマは「キリスト教弁証論において欠くことのできないもの、すなわち歴史に訴えかけるものでなければなりません」と述べられていたが、さらに次のようにも書かれていた。「強調しておきますが、この主題はかなり広い意味で捉えていただいても構いません」。私はこれらの言葉によって許容されるところを有効に活用するつもりである。何かしらの歴史的な個別の出来事や一連の出来事をキリスト教との関連で考察しようとはせずに、より一般的に、キリスト教思想との関連で時間や歴史の事態に関して問いを立てることを考えている。

キリスト教と他の多くの宗教は時間と歴史に対してやや両義的な関係を保持してきた。一方では、歴史は神の人間に対する自己伝達のための媒体であると見做されてきたが、他方では、神と最高度に現実的なものだけが時間を超え、時間の流れに影響されないと考えられてきた。

疑う余地がほとんどない程に、現代では、時間的なものと歴史的なものとが人間の思考において新たな重要性を獲得してきている。到来する流れの中でいかなるものも流れ去ってしまう、と見做される傾向にある。何ものも静的に留まらない。「不変化」や「流動不可能性」等の諸観念は長きに渡って神の本質的な特徴であったにも拘わらず、神学者たちでさえそれを疑い始めている。かくして、我々は神学者フリードリヒ・ゴーガルテンによる次の主張に納得する。かなり以前の数世紀においては、歴史の出来事はいわば形而上学によって提供される永遠の舞台の上で起こるものであったが、今ではそれが全くひっくり返ってしまった、と。永遠的枠組みは消え去り、形而上学的体系はそれ自身歴史の産物と見做され、変化する状況に伴って生じ、遂には没落していく。これは言葉の厳密な意味で「世俗主義（secularity）」と称されるかもしれない——いかなるものも時代（*saeculum*）に包摂され、時代から特徴付けられ、その結果、世俗化はそのまま歴史化と同じことになる。

かくして、いかなることも徹底した相対主義、さらにはニーチェが予見した彼のニヒリズムに投げ込まれてしまったのか。このような問いを解明する一つの方途として、二〇世紀の哲学者マルティン・ハイデガーの研究を援用することが可能であると考えられる。彼は人間の実存だけではなく存在一般の時間性と歴史性とを自らの思惟の主題としている。時間と歴史に関する彼の考察、さらに宗教と神学とに関する彼の見解に注意深く耳を傾けることによって、時間に関心を寄せる現代のキリスト教に衝撃を与え、そこから何かを学び取れるかもしれない。

ジョン・マクウォーリー

オックスフォード、一九九四年一月一日

ハイデガーとキリスト教

目次

はじめに
第一章　経歴と初期の著作……1
第二章　日常的な非本来的実存……23
第三章　覚悟した本来的実存……47
第四章　形而上学と神学……71
第五章　物と技術と芸術……95
第六章　思惟と言語と詩……119
第七章　ただ神のごときものが我々を救うことができる……147
第八章　残された諸問題……173

第一節　ハイデガーを翻訳すること　174
第二節　ハイデガーと国家社会主義　178
第三節　ハイデガーと神秘主義　186
訳者付論　『存在と時間』と実存主義的神学――ハイデガーとブルトマン　193
訳者後書き　211
文献表
Ⅰ．ハイデガー著作一覧
Ⅱ．ハイデガー関係文献一覧
Ⅲ．ハイデガー著作翻訳書一覧（訳者作成）
注
Ⅰ．原著者注
Ⅱ．訳者注
Ⅲ．訳者付論注
索　引

凡例

・聖書からの引用は日本聖書協会発行の新共同訳を使用した。

・ヘルダーリンの詩の翻訳は『決定版ハイデッガー全集』（創文社）のものを参考にした。

・筆者自身が強調として用いたイタリックの語句は傍点（○○○○）を付した。

・ハイデガーからの引用文においてハイデガー自身がイタリックで表記した語句は傍点（○○○○）を付した。

・‘○○○’は「○○○」で、“○○○”は〈○○○〉で表記した。

・原注は（1）（2）と表記し、訳注は（訳1）（訳2）と表記した。

第一章　経歴と初期の著作

時間と歴史とは人間の生、すなわち正に実在するもの全てにとって重要であり、それは古より理解されてきた。概して諸宗教は、我々が自らの内や周りで次々と起こっていると知覚している時間的な出来事を超えたところに視線を向ける傾向があり、その流れを越えて存立し、変化や腐敗を免れ続けている実在を探求してきた。被造物の流れ去る生命と神の永続的実在とは対置される。それはユダヤの諸聖典に読み取れる。

肉なる者は皆、草に等しい。
永らえても、すべては野の花のようなもの。

草は枯れ、花はしぼむが
わたしたちの神の言葉はとこしえに立つ。

（イザヤ書、第四〇章第六、八節）

これは、現世で次々に起こっていることの実在性を否定するものではない――実際、聖書記者たちは、神が被造物の秩序に多大な関心を寄せ、人間に自らを啓示するために、歴史そのものを啓示の媒体としている、と信じてきた。ユダヤ教とキリスト教の教義には無宇宙論（acosmism）はないのである。いうならば、遥か東方の諸宗教の幾つかは、時間の出来事は何かしら非現実的なものであるとの無宇宙論を主張しがちであるが、ユダヤ教やキリスト教はそのような無宇宙論を唱えようとはしない。しかし、「本当に実在的な」もの、いかなるものもそこに依存している根拠は時間を超えて、すなわち時間の彼方にある。ユダヤの諸聖典では、時々、神が人間と同じ形をしていて同じ諸性質を有するかのように表現されているのは事実である。世界創造において看取されるように、神は計画し、実行するが、他方、例えば激怒したりするように、たやすく気分を害してしまう。さらにある時には、自らの為したことを後悔したりさえする。しかし時間的秩序は二次的な実在であり、その背後に、その彼方に、永遠な神が存在している。それ故、初期キリスト教時代の聖パウロはかくのごとく宣言する。「わたしたちは見えるものではなく、見えないものに目を注ぎます。見えるものは過ぎ去ります（*proskaira*）が、見えないものは永遠に存続する（*aionia*）からです」（コリントの信徒への手紙二、第四章第一八節）。もちろん、ユダヤ教とキリスト教の教義はどちらも徐々にギリシア思想の影響を受けることによって、神の超時間的本性を強調することになり、「不変化的」や「流動不可能的」等の形容詞が、事実上、神の諸特徴を規定することになったのである。

ギリシア哲学最初期には、時間的なものと永遠なものとの緊張、あるいは、歴史的なものと超歴史的なものとの緊張、これらには別の形式が存在していたのである。その緊張形式は、二人の人物の対比によって擬人的に表現されてきた。（伝統的な言説からすると）、その二人とは、キリスト以前の六世紀に隆盛を極めていたヘラクレイトスとパルメニデスである。ヘラクレイトスは世界を偉大なる火に喩え、そこではいかなるものも絶えることなく変化に巻き込まれているのである。彼は「全てのものは過程の内にある（*panta chorei*）」と考え、世界の物事を川の流れに譬えて、二度と同じ川に入ることはできないと主張した、といわれている[1]。しかしヘラクレイトスは、出来事の無意味な混乱だけが存在する、と唱えているのではない。出来事の間にはロゴスと称される秩序と一貫性との原理があり、それが反対のものさえも互いに関係付け、闘争の只中においても一つのものとして維持しているのである。ヘラクレイトスは神についてさえも語っている。それは創造神ではなく、また世界そのものと区別されるのかどうかでさえ知ることは容易ではない。しかし、二〇〇〇年後のニコラス・クザーヌスを予期せしめるかのように、ヘラクレイトスはこの神を「反対物の一致」と表現し、「神は昼であり夜であり、冬であり夏であり、戦争であり平和であり、満腹であり空腹であり、全ての対立するものなのである」と述べている[2]。おそらくこの神の別名がロゴスなのである。以上よりヘラクレイトスは聖書記者たちとは違って、明らかに実在の重きを永遠なものから時間的なものに移行させているが、その帰結はニヒリズムではなく、神聖なものが消滅したのではなかった。ヘラクレイトスに関する魅力的な話がある。それによるならば、ヘラクレイトスはかなり貧相な小屋に住んでいた。ある寒い日のこと、彼はストーブの脇で暖を絶やさないでおこうとしていた。そこに何人かの見知らぬ人たちが来て、高名な哲学者がかくも貧しい状況にあるのを見て驚いてしまった。しかしヘラクレイトスは彼らに入ってくるようにと促しながら、次のように述べたと伝えられている。「ここにも神々がおわします(3)」。おそらく殉教者ユスティノスはこの話を知っていたのだろう。キリストよりも前の時代でありながらもロゴスによって生きたギリシア人たちについて語る時、彼はソクラテスと共にヘラクレイトスもそのギリシア人たちの内に含めて語っている。何故ならば、この話とロゴスの歴史への受肉というキリスト教の教義との間に、ある程度の類比があるからである。しかし、以上のことを含めて、ここで明らかにしたかったのは、次の点である。それは、ある哲学が自らの思考において変化や過程に優位を与えるとしても、その哲学は必ずしも無神論的とはならない、ということである。

パルメニデスはヘラクレイトスと同時代の偉大な人物であり、彼はヘラクレイトスとは正反対の立場を採った、と一般に言われている。彼の哲学は次のように要約されてきた。「(世界は) 球のようなものであり、単体であり、不分割であり、同一であり、無時間であり、不変であり、そして運動はそれ自身変化の一形式である故に、不動でもある。それは、実際、何であれ知覚され得る諸性質は持たない」[4]。我々が諸感覚を介して知覚する出来事は、いうならば、単なる表面的作用に過ぎない。その背後の実在は不変化である。仮にこの見解を極端な形式で受け入れるならば、それは、いかなるものも構造や秩序の永続性を持たない流れの内に存在するという見解と同様に、本来的には信じ難いものになるであろう。なおかつ、この極端などちらの見解もキリスト教とは相容れないと、私は考える。

しかし、ヘラクレイトスが自らの考えを修正し、いかなるものも過程の内にありながら、ロゴスの合一化する、すなわち集約する活動の余地を認めているのが以上で看取されたのと同様に、パルメニデスも、日々目にする世界がある実在性を有していることを否定できないことは理解している。その世界は存在の世界と対比される表面的なもの、見せかけの世界ではあるが、その見せかけは、仮に偽りと混合しているとしても、真理の諸要素を含んでいると、パルメニデスは考える。おそらく最も有名なパルメニデスのアフォリズムによるならば、「存在と思惟とは同じである（*to gar auto noein estin te kai einai*）」[5]と言われている。ここに示された翻訳に関しては、パルメニデスにあまりにも主観的な特色を与え、その結果、時代錯誤的にパルメニデスの内にドイツ観念論を読み取るものであるとの理由で、今でも異議が唱えられている。私は別の翻訳を挙げることも可能ではあるが、ここではハイデガーが採用した翻訳だけを採り上げようと思う。「存在と存在の思惟とは同じである」。これは存在と思惟する人間との親密で基本的な関係を主張しているのである。（とにかく、この地球上では）、存在を思惟し、存在了解を探求する唯一の存在者は思惟する人間なのである。

このハイデガーの言及によって、我々はソクラテス以前の哲学者たちを巡る短い回り道をして、自分たちの主要なテーマに到達することになる。しかし、この回り道は目的に適っている。何故ならば、それはハイデガー哲学の重要な諸特徴を、すなわち最初から最後までハイデガー哲学に属している幾つかの特徴を、我々の前に明確にもたらすからである。最初の特徴は、西洋的思考の典型である二分法を克服し、それらは原初的には一つのものから成立してきたことを示そうとするハイデガーの一貫した努力である。この傾向は、ハイデガーがヘラクレイトスとパルメニデスを取り扱う際に例証されている。彼らは互いに対立するのではなく、むしろ補足的である。他の二元論も、例えば、実在論と観念論、知覚と理解、自然と歴史等の二元論も、同様に破棄される。第二の特徴は、人間と存在との本質的連関に関する主張である。ハイデガーは、実際、「男性」とか「女性」とか、あるいは「人間的な」という形容詞はほとんど用いない。むしろ彼は現存在（*Dasein*）という語を用いることを良しとする。現存在とはドイツ語で「現に在ること」を意味し、一般にハイデガーの諸著作の英語版では翻訳されずにそのまま用いられている。現存在は存在（*Sein*）との繋がりを強調する。現存在は「人間存在（human being）」と同義語ではなく、ハイデガーの言辞によるならば、「存在を純粋に表現している」のである。[6] なおかつハイデガーは現存在を「明るみ（clearing）」[7] と称し、それは森における明るみのように、存在が明かり（light）にもたらされる場所、すなわち「現」である。第三の特徴は、ヘラクレイトスとパルメニデスとを議論することで、ハイデガーによる初期ギリシア思想家たちへの高い評価に注目させられる。彼らが存在問題を初めて問うたのであり、西洋思想史の創始者たちである。ハイデガーの見解によるならば、存在問題はすぐに見失われ、存在者、世界を構成している物が人間の探求にとって主要な関心事となった。ハイデガーはそれを「存在忘却」と称している。この存在忘却は西洋に独特なものであり、技術の時代においてその頂点に達している。我々は「物においては豊かに、魂においては貧しく」なってきている。人間存在そのものが自ら創造した物に従属し、生産と消費の機構に追従している限り、それだけ現存在である我々の状況は脅かされているのである。しかし、ハイデガーの思惟を詳細に考察する前に、彼の経歴を概略し、彼の思想を形作った幾つかの影響と、彼の思想が歩んできた幾つかの段階を見てみることは有益であろう。

マルティン・ハイデガーは一八八九年にメスキルヒの小さな田舎町に生まれた。この町はバーデン州にあり、ドイツのかなり南西部を占め、ライン河の東側に沿って広がっている。バーデンは黒い森（シュヴァルツヴァルト）と称される四〇〇〇から五〇〇〇フィートに達する山岳地域を有している。土地のほとんどは森林と農園におおわれている。住民は主にカトリック教徒であり、保守的である。州都はフライブルク・イム・ブライスガウであり、大学とカトリックの大司教座がある。

マルティンの父フリードリヒ・ハイデガーはメスキルヒの聖マルティン教会の堂守り頭だった。フリードリヒは特に教会の時計台と鐘の世話をしていたが、それが息子に影響を与えたに違いない。何故ならば、かなり後になってハイデガーは、心の中でこれらの鐘の音が時間と時間性とに結びつく様を語っているからである。(8)

教区教会の風景と響きの内で育った若きハイデガーは熱心なカトリック教徒であり、当然のごとく聖職者になることが運命付けられていたようである。数年間、彼はイエズス会の神学校に通っていた。後にハイデガーは「神学的な出自がなければ、私は決して思惟の道に至ることはなかったでしょう(9)」と書くことになるが、そう書かしめる経験をハイデガーは神学校でしたのである。特に彼は解釈や解釈学の重要性に気付き始めていた。彼がとても高い知性を持った学生であったことは明らかである。聖職者たちの関心は彼の経歴を推し進めることにあった。表面的に思われる以上に重要なことになるある出来事が、一九〇七年、一八歳のハイデガーに起こった。司祭の一人であるコンラート・グレーバー神父（後程、彼については一層多くのことを聞くことになるだろう）が、この若者に一冊の本を贈ったのである。それは、当時まだ存命だった著名な哲学者フランツ・ブレンターノの手に成るもので、アリストテレスの諸著作における「存在者」の異なる諸意義を主題としていた。一八歳の若者がこの贈り物の真価を全て評価し得る訳ではなかっただろうが、この本によって後の人生を占有し続けることになる哲学的問題――存在の意味への問いが、ハイデガーの内に呼び覚まされたのである。

一九一〇年にハイデガーはフライブルク大学に通い、神学部に在籍していたが、いまだに時間があれば哲学書を読んでいた。すでに彼はエドムント・フッサールの諸研究を見出しており、フッサールの『論理学研究』全二巻を自分の机に置いていたと、ハイデガーは語っている(10)。哲学の引力はとても強く、神学部に入学して早くも二年後(訳2)ハイデガーは神学の研究を断念して、その後は哲学に没頭した。フッサール自身は一九一六年にフライブルク大学の哲学部教授となり、ハイデガーは現象学的アプローチを哲学的諸問題に熱心に適応させていた。ハイデガーの人生のこの最初期に関する彼自身の言葉を引用しよう。「かくして私は存在の問いの道へともたらされ、現象学的方法で照らし出され、今やブレンターノの著作を読んだ際に起こったのとは違った方向に動き出している。しかし問うことの道は私が案じていた以上に長くなった。その道は多くの停滞、回り道、誤った小道を歩むことを強いた」(11)。

ハイデガーは神学から哲学へと移ることで、神学の重要性が自分にとって正に疑わしいものとなってしまった。実際、ハイデガーは幾つかの神学の講義に出席し続けたが、神学に対する彼の態度は次第に曖昧さを増してくる。一九一七年にハイデガーはエルフリーデ・ペトリと結婚し、一九一八年も終わる頃には、カトリック教会から決して離れたことはないと断言していたが、すでにカトリックの宗教的活動は中止していた。一九二三年にはマールブルク大学で哲学の教員職に任命され、その後ハイデガーはマールブルクのプロテスタント神学者たちと活発な討論に没頭した。討論にはルードルフ・ブルトマン、パウル・ティリッヒ、ルードルフ・オットーらが参加していた。キリスト教神学に関するハイデガーの曖昧な発言や、彼は無神論者であるとの諸批判が信じられていたにも拘わらず、二〇世紀の神学にハイデガー程影響を及ぼした哲学者はいない、と断言しても構わないだろう。その証拠としては、何人かの主導的な神学者たちの証言を読むだけで充分である。ブルトマンもティリッヒも、自分の受けた恩恵をはっきりと認めている。カトリックの側では、カール・ラーナーが、自分は多くの教授たちに接したが、私の先生はハイデガー一人である、と述べている。[12]哲学者たちによって表明された意見はまちまちであり、しかも用心深いものである。ハンス・ゲオルク・ガーダマーはある記念講演でかなり肯定的だった。「（ハイデガーの）思索を呼び起こし、活躍せしめたのはキリスト教であり、彼を介して語られたのは古からの超越者であり、現代の世俗的なことではない」[13]。しかし、さらに以前のハイデガーの学生であったカール・レーヴィットは、ハイデガーの哲学は「その本質的なところでは神なき神学である」[14]と記している。「神なき神学」との表現は一見して自己矛盾ではあるが、それは「神」という言葉を各人がいかに理解するかに正に依存していると、私には思われる。我々はハイデガーが――おそらく全く適切に――この言葉をある闇の中に覆い隠したままにしているのを見ることになるだろう。

マールブルク時代がハイデガーにとって最も活動的な時期だったと思われる。この数年間で、彼は実際には何も公表していないが、この時期に彼の諸構想は生み出されていたのである。今ではその諸構想を手にすることができる。何故ならば、彼が逝去する約一年前の一九七五年に、全集の出版が開始され、それはおよそ百巻に達する見込みで、それまでに出版された著作ばかりではなく、ハイデガー自身の講義ノートや学生たちが記した講義ノートから再現された講義類が含まれるからである。一九二五年の講義は「時間概念の歴史」という題目が付けられ、実質的には三〇〇頁以上もの量になっている。この講義は、少なくとも二つの理由で重要である。一つは、この講義がハイデガーの大著（*magnum opus*）『存在と時間』に向けての重要なステップであり、『存在と時間』の刊行はこの講義の二年後になる。二つ目の理由は、この一連の講義によって、時間の問題がハイデガー哲学の中心を占めていることが示されている点である。

一九二五年の諸講義において明確には答えを得られず、再び起こってくることになった問題は、現象学の本質に関わるものである。フッサールは、現象学は意識において意識に向かって現出するものを純粋に記述することであり、それ故、現象学はかくのごとくに現出するものの実在、起源、原因等に関する問題を「括弧に入れる」、すなわち脇に退けるべきである、と信じていた。ハイデガーもこの方向で語ることが時々ある。例えば、彼は、現象学は「研究の方法を明示するためだけの純粋に方法論的概念である[15]」と述べている。それ故、彼は、自然科学が無神論であるように、すなわち自然科学は何かの「説明」のために神を持ち出さないとの意味で無神論であるように、それと同様の意味合いで、かかる研究は方法論的意味において無神論でなければならない、と主張する。しかしながら後に彼は、現象学的研究は「存在者をその存在に関して探求することである[16]」と語る。しかしそのような探求は、結局、有神論と無神論との対決の問題にならざるを得ないのではないか。我々は現象学に対するハイデガーの明らかな一貫性のなさを看過してはならない。

不幸なことに、この時間概念に関する一連の講義は、ハイデガーによって結論の章に至ることなく学期の終わりで中止された。結論部分は「時間そのものの解明」と公示されていたが、それは書かれていなかった。教授という人たちは、最も難しい問題に直面する前に学期末がくるように時々講義を調整しているのではないだろうか、と怪しみたくもなる。

ハイデガーの主著『存在と時間（*Sein und Zeit*）』は一九二七年に公刊された。それは哲学に対する大変重要な貢献である、とただちに認められた。その出版から三〇年が過ぎ、フライブルク大学哲学部でハイデガーの同僚であったリヒャルト・クローナーは、振り返って次のように記している。「当時のアカデミックな世界において、哲学がもっぱら認識論や論理学や倫理学や美学に関する講義の中で教授されていたことを考慮すると、ハイデガーが、上述の様々な科目への分割によっては、哲学の最も本質的で純正な問題を正当に取り扱うことなどできない、と主張したことは、何と勇敢で自信に満ちたものだったことかと驚愕する。彼が主張したのは、不分割で全てを包括する存在の問題である。私は彼の書物を息もつかぬ緊張感で読んだのを認める。さらに私はそれをキール大学での自分の演習に用いた。私はハイデガー主義者にはならなかったけれど、彼の思惟の尋常ならざる力と語り口に魅惑されて逃れることができなかった[17]」。

しかし『存在と時間』は大変誤解された書物である。おそらくその理由は、一九二五年の講義のごとくに、それが未完に終わっているからである。この書物の最初の版では、表題の頁に続いて「前半」の文字があった。後半は、前半の議論を確証するものとして、哲学の歴史の「解体」あるいは「分解」（*Destruktion*）が予定されていた。しかし前半も完全ではなく、再び我々は運に見放されたのである。ハイデガーが残したテキストは、「時間そのものが自らを存在の地平として明らかにするのか[18]」との問いで終わっている――この問いは正に彼の一連の講義が答えを求めていた問題である。

一九三五年の第七版以降は「前半」という文字は削除された。もちろん、この著作は、元来の原案通りではないにしても、著者が一九二七年以降に公刊した多くの著作において完成される、と言えるかもしれない。彼が歩み行こうとしていた道は途絶えてしまったのである。思い出してみれば、ハイデガーが生涯をかけた目標は、存在、すなわち最も広い意味での存在、存在としての存在、存在一般（*das Sein überhaupt*）、その意味への問いと取り組むことであった。後述するように、彼は、この問題への道は問う者の存在を問題とすることである、と信じていた。思い返してみれば、存在と現存在とが親密に関係しているとの見解に彼はすでに到達していたのである。『存在と時間』における現存在の実存の分析は、存在そのものへの主要な探求のための基礎（基礎存在論 *Fundamentalontologie*）であることしか意図していない。それ故、もしこの著作を第一に人間の実存に関する著作であり、ある種の実存主義の宣言書であると見做すならば、この著作は誤解されたことになるのである。この誤解された印象は、サルトルが自らの著作『存在と無』においてハイデガーのアイデアの幾つかを一般受けするようにしたことによって強固にされた。サルトルに従えば、実存主義はヒューマニズムであり、実際、かくのごとくに名付けられた著作の中で、実存主義はニヒリズムに近付いていき、全てのものが人間によって測られることになる。それはハイデガーの見解とはかなり異なっているが、ハイデガーは時々サルトルとかなり似た口調で語っているようにも思える。それ故、仮にハイデガーが誤解されるとしても、その大部分は彼自身の落ち度なのである。

『存在と時間』の出版に続く数年の内に発表された幾つかの重要な著作のほとんどがかなり簡潔

なものであった。それらに含まれるのは次のものである。(1)『形而上学とは何であるか』、これは一九二八年にハイデガーがフライブルク大学哲学部のフッサールの教授席の後任として戻ってきた際の就任講演である。この講演は一九二九年に刊行され、後に「後記」が付け加えられ、さらなる後に「序論」も付け加えられた。(2)『カントと形而上学の問題』、これは第一批判書（*Critique*）の二つの版におけるカントによる時間の取り扱いを論じたものであり、これも一九二九年に刊行された。(3)『形而上学入門』、これは一九三五年の講義を基にしているが、おそらくは就任講演の続編と思われる。(4)『真理の本質について』、これは『存在と時間』で考察された真理概念を拡張しようとする重要な小論である。(5)詩、特にフリードリヒ・ヘルダーリンの詩に関する幾つかの小論。(6)芸術に関する重要な論文である『芸術作品の起源』一九三五年。

しかし、数千万のドイツ国民の生活に歴史が荒々しく突入してきたのと同様に、ハイデガーの一見平穏な生活にも、そして間もなく全世界の人々の生活にも歴史が激しく突入してきたのは、正にこの時期であった。過酷な条約によって大戦が終結し、ドイツは相当貧しい状況となり、経済は下落し、高いインフレを招き、大量の失業者が生じていた。政府はこの状況を改善し得ないと人々から見做され、共産主義者たちが勢いを増すのではないかと、恐怖が蔓延していた。いかなる扇動家であっても民衆を牛耳ることのできる格好の状況であった。扇動家の一人としてアドルフ・ヒトラーがいた。彼は民衆の悲惨さと恐怖心とに働きかけ、追従する多くの人々を獲得し、その数は段々と増えていった。国家社会主義の魅力に魅せられ傾倒した人々の中にハイデガーもいた。ナチへの関わりが如何程のものであり、それが彼の哲学に何処まで深く根ざしていたのか、今日まで論争が続いている。『ブリタニカ百科事典』はこの関係を「戯れ」として受け流しているが、ハイデガーのような生真面目な人物の場合、「戯れ」以上のものであったことは確かである。その対極には、ハイデガーを相当厳しく断罪し、当時のハイデガーの行動は彼の哲学全体の信用を奪ってしまったのであると、確信している人々もいる。その中に、尊敬に値する学者ハンス・ヨナスがいる。

この戦争中の出来事に関する政治的論争は、おそらく決定的結論が得られない長期に渡る論争である。この政治的論争に巻き込まれて、ハイデガーと神学とに関する解明を行うべきここで、その主旨が妨げられてしまうのを私は望まない。しかし、この論争は無視し得ない程に重要である為、第八章で取り扱うことにする。しばらくの間、あからさまな事実だけを述べることで、満足しておくことにする。一九三三年一月、ヒトラーは全く合憲的に権力を掌握した。同年四月、ハイデガーは大学の同僚らの満場一致でフライブルク大学総長に選ばれた。すでに彼は支持者であったと思われるが、国家社会主義ドイツ労働者党（ＮＳＤＡＰ）に入党したのは同年五月である。続く一九三四年に、彼は総長職を辞した。それ以降、ハイデガーは同党から距離をおいたが、戦争が終結しドイツの大学が粛清、すなわち「非ナチ化」されるに際して、最初の関わり故にハイデガーは教育活動を禁じられた。しかし、あまり厳密に考慮されなかった為、この禁止命令は一九五〇年には解除され、一九五九年に引退するまで、ハイデガーは教授活動と著作活動を続けた。彼の復帰を支援した人たちの中に、かつてハイデガーにブレンターノの著書を贈った聖職者コンラート・グレーバーがいた。彼は今やフライブルクの大司教であった。

教授活動の禁止されていた時期と復帰した後、ハイデガーは幾つかの重要な作品を書いている。(1)『ヒューマニズムに関する書簡』は相当に重要である。これの基になっているのは、ジャン・ボーフレに宛てた書簡であるが、広く公開されることを意図していた。この書簡で、ハイデガーは自分とサルトルとの違いを明確に述べ、特に、人間の心を存在了解の為の主観的源泉であるとは考えていないことを明白に論じた。むしろ現存在は存在の「贈り（adress）」の受領者である。ハイデガーは、当時のサルトルの人間中心主義から自らを引き離すような仕方で『存在と時間』を再解釈している。(2)思惟の本性とそれと親密な関係にある言語の問題が、『思惟とは何の謂いか』（一九五四年）、『放下』（一九五九年）、『言葉への途上』（一九五九年）等の重要な諸作品において考察されている。これら全ては英語に翻訳されているが、翻訳された表題は必ずしも元のドイツ語表題と明瞭に関連付けられている訳ではない（詳細は文献表を参照せよ）。(3)宗教と神学の問題はこの時期の様々な小論集のほとんどに看取される。『同一性と差異性』（一九五七年）は存在‐神論、存在論的差異、形而上学の超克を取り扱っている。『時間と存在』（一九六二年）は、三五年前に出版されたハイデガーの主著の表題を逆転させているのは明白であり、元来は主著の決して書かれることのなかった編の表題になる予定であったものである。この後期の『時間と存在』を一九二七年にハイデガーが意図していたものの完成態と考えることはできないが、彼の哲学的営為全体に対するある種の冠石と見做すことはできるだろう。(4)初期ギリシア思想に始まる哲学の歴史に関して、ハイデガーはかなり以前から関心を抱いていたが、その関心はこの後期の数年間にも保持されている。その最も明白な到達点は、『ニーチェ』（一九六一年）に関する大部の作品である。講演が進むにつれて、この後期の諸作品は我々の注意をもっぱら呼び起こすことになるだろう。

上記において順次ハイデガーの略歴を述べてきたが、それだけでも以下のことがすでに明白である。それは、ハイデガーは目的を達成したと論断することは決してない思索者であるということである。それ故、彼はいかなる問題であれ、その答えを見出すならば、それによって新たな問題へと導かれていったのである。ずっと道は続くのである。

ハイデガーの作品を研究する人たちの中には、そこに著しく異なった二つの段階あるいは時期を看取し、初期ハイデガーと後期ハイデガーについて語る研究者たちがいる。さらにはハイデガーⅠとハイデガーⅡと、あたかも各自が全く別人であるかのごとくに語る者たちもいる。『存在と時間』に包括的に表現されているハイデガー初期の思惟の内に看取されることと、ハイデガーの経歴の後期の段階で彼が述べていることに看て取れることとの間には、かなり重要な違いがあることは明らかである。ハイデガー自身は自分の初期の思想と後期の思想とを対照化させる試みを軽視しがちである。すでに注意してあるごとく、彼も自分が最初に設定した道が途絶えてしまったことを認めている。彼は自分が歩んでいった道の途上で転向（*Kehre*）があったことを否定はしないだろう。しかし、転向が撤回と同じものであるとの示唆には不満である。最初から彼の目的は、存在そのものの意味への問いに再び関心を掻き立てることにある。もっぱら撤回に関して述べる人たちは、『存在と時間』が第一に哲学的人間学であると想定するサルトル的な誤りに陥っているのである——しかし、仮に人々がこの誤りに陥ったとしても、ハイデガー自身に全く罪がないとはいえないと、私はすでに指摘してある。

それにも拘わらず、ハイデガーの作品全体を見渡す時、ある全く主要な移動に気が付くのである。おそらく最も明瞭なことは、人間の実存において知られる現存在から最も普遍的意味における存在へと焦点が移動していることである。第二の点は、現存在の分析に用いられた現象学的方法の学的（*wissenschaftlich*）性質が、存在と人間の存在への関係との意味を解釈するに際して、詩の言葉の鑑賞的理解へと道を譲ったことである。そこには思惟の性質においてもある変化がある。初期の作品では、哲学者の思惟は学究的であり、能動的であった。後期の作品では、思惟は観想的となり、さらには受動的となり、それはハイデガーに神秘主義的な傾向が看取されると主張する批評家たちがいる程である。世界の概念における変化も非常に重要である。初期の思惟では、世界は道具的システムであり、物は日々の関心における現存在の使用の為に手許に存在している。しかし後期の諸作品では、世界はもはや主に仕事場ではなく、いうならば、それ自身で価値を持っている。物は単に「道具（*Zeug*）」であるだけではなく、天空と大地、神々と死すべき者たちの「四性」によって構成される。これは、現象学的分析が詩の言葉、さらには、あたかも神秘主義的な言葉に置き換えられた良い例証である。

ハイデガーにおけるこれらの変化は、確かに「撤回」とはならないが、「転向」を明確に示すのには実に十分である。おそらく、私が示した諸観点の下で、転向とは最終的に「現象学から思索へ」の転向であると総括され得るだろう。この句は、実はハイデガー哲学に関する権威ある解説書の副題であり、ウィリアム・リチャードソンが選んだものである。

いずれ見ることになるが、転向あるいは変化は『存在と時間』の著述直後に、すなわち自分が歩んでいこうと計画していた道とは別の道を探す必要をハイデガーが悟った直後に始まったのである。しかし転向は突然に起こったものではなく、数年に渡って続けられてきたものであることが看取できる。

ジョン・カプトが示唆しているごとく、ハイデガーの思索における転向はおそらく一回だけではなく、むしろ数回に及ぶものである、と考えるべきである。[19] カプトが挙げている最初の転向は、マールブルク大学で教鞭を執っていたハイデガーの初期における転向であり、カトリシズムから一種の自律的なプロテスタンティズムへの転向である。続いて無神論やニヒリズムと何かしら近しいものへの転向があり、ハイデガーが国家社会主義と緊密な関係をもっていた時期に伸展してきたものである。しかしすでにこの時期に「帰向」の暗示がある――それは元来のカトリシズムへの帰向ではなく、リヒャルト・クローナーが「ハイデガーの私的な宗教[20]」と称したものへの帰向であり、この私的な宗教はおそらく聖書と同程度にギリシアに由来するものであった。

一九四九年に、ハイデガーは自分のほとんどの作品と全く異なる小冊子を書いている。その題名は *Der Feldweg*『野の道』であり、英訳は *The Country Path* である。本冊子において、ハイデガーの故郷メスキルヒの田舎を通り抜けてゆく道が描かれている。何と、この作品はハイデガーのほとんどの作品と異なっている。それは明らかに哲学的ではなく、この道がハイデガー自身の思惟の道の寓意であると理解するのに、さほど想像力は必要としない。しかし、かくのごとくハイデガーが寓意を成すことを意図していたかどうかは、私には見極める力があるとは到底いえないだろう。野の道は町を抜け、野を抜けて森へと向かう。森の端の近くに一本の高いオークの樹が立ち、その下には木のベンチがある。ハイデガーは、自分が若かった頃、このベンチに座り、偉大な賢者たちの思想を学び、それがいわんとしていることを理解しようと常に努めていたことを回想する。私の見解によるならば、ハイデガーの人生におけるこの時期、彼がもっぱら注意を傾けた著者たちの内に、アリストテレスがいたことは間違いない。さらには、おそらくヘラクレイトスやパルメニデス、もちろん聖トマス・アクィナスやスコラ学者たち、ことによるとニーチェやフッサールさえいたに違いない。野の道は森の端を巡り、森にはハイデガーの父も含めて、近隣の人々が落ちた枝木をそれぞれ拾い集める自分の場を持っていた。そしてここでハイデガーは、哲学的な教義として明確に述べている訳ではないが、オークの木を全ての物に内在する四性の本性を象徴するものと見做している。彼は下記のごとく述べている。「オークの木の固さと香りは、木が育ちゆく緩やかな変わることのない様を明瞭に語り始めた。成長し続けて実を結ぶことはもっぱらかくのごとき成長に基付くこと、その成長は天の全期間に開かれてあろうとし、同時に暗き大地に根を張ろうとしていること、真実なるものはいかなるものであれ、人が最も高き天の要求に応える覚悟を持ち、豊かな大地の避難所に安らぐという二の二つの条件を共に満たす時にのみ成長すること、これらのことをオーク自身が語り明かす。野の小道の軌跡はオークの傍らを通り過ぎ、オークは以上のことを継続的に繰り返し野の小道に語り明かす。……野の小道の周りに、生きとし生けるもの全てが成長し、その王国は宇宙全体を小宇宙において提示する。生きとし生けるものの言葉は正にいいようのないものであり、生命の老賢人マイスター・エックハルトが語るように、神、原初の神を公言する[21]」。

ハイデガーの哲学がその複雑さと巧みさにも拘わらず、かなり無邪気な経験にその始元を持っていることが、小冊子のこれらの言葉によって理解される。しかし、かくのごとき事態を聞き取る準備と覚悟が我々には必要とされる。現代人はこのメッセージを聞き取れないと、ハイデガーは信じている。「野の小道のメッセージに合わせることをしないならば、人は自分の計画に合わせて世界を変容しようと無駄なことをしているのである[訳3]」。

小道は川沿いの湿地で終わる。振り返ると小道が町へと帰り行くのが見える。聖マルティン教会の塔も見ることができる。町の方へ上って行くと、時を知らせる鐘の音が聞こえてくる。それはハイデガーの父が世話をしていたものであり、ハイデガーに時間と時間性について考えさせたものである。鐘の音に沈黙が続く。小冊子から再び引用しよう。「物の永遠な単調さは驚かせ、自由にする。野の小道のメッセージは今や全く明らかである。語りかけているのは魂か、世界か、それとも神であろうか[訳4]」。

語りかけているのは魂か、世界か、それとも神であろうか。ハイデガーは自分の問いに答えない。

おそらく彼は、それは存在の声である、と答えることだろう。それを人間は魂とか世界とか神とか名付けるかもしれないが、それは本質的には名も無きものである。ハイデガーが神秘主義に近づいていったと信じられるのは、正にこの点においてであり、この確信はハイデガーのマイスター・エックハルトへの言及によって強められる。

しかし確かに、野の小道は聖マルティィン教会に戻り行く。私はハイデガーを教会へ引き入れようなどとは望んでいない。いずれ明らかになるが、彼の後期の著作はかなり宗教的調子を持っているが、それさえもっぱらキリスト教的である訳ではない。しかし単純な事実としていえることは、ハイデガーが一九七六年に逝去した時、彼の遺体は聖マルティィン教会付属の墓地に埋葬され、この哲学者の望みに応じて、この教会で死者のためのミサが古くからの彼の友人であり同僚であった神父ベルンハルト・ヴェルテによって執り行われたことである。

第二章　日常的な非本来的実存

この章と次の章で、ハイデガーの著作『存在と時間』において表明された彼の思考を精査する。既述のごとく、この本は決して完成されることはなかった。それにも拘わらず、ハイデガー哲学の発展とその哲学の理解にとって、この本は基本であり続けている。何よりもまず、『存在と時間』は哲学的人間学ではないことは強調してもし過ぎることはない。確かに、不幸なことではあるが、ハイデガーが不完全な形で残した実際のテキストは実存論的分析に集中しているが故に、人間中心の哲学、おそらくはそれ以上に、数世紀に渡ってヨーロッパ哲学に影響を与え続けている主観主義的傾向の頂点であるとの印象をもたらしている。しかしこの著作を精読するならば、ハイデガーの意図は最初から「一般存在論」と称される試みであり、現存在分析は一般存在論の第一段階を成すに過ぎないことが看取される。『存在と時間』が公刊された三年後、『真理の本質について』という小論文においてハイデガーは断言している。人間は「自分が万物の尺度であると排他的に考えれば考える程、より多く過つのである」[1]。サルトルが実存主義はヒューマニズムであると述べる時、彼は正しいのだが、これはハイデガーとは全く無関係なことである[2]。

『存在と時間』の最初の部分によるならば、ハイデガーが存在の問題、すなわち最も広い意味での存在の問題を復活させようと意図していたことは明白である。「以下に続く論考の目的は存在の意味への問いを仕上げることである」と記し、それに加えて「いかなる存在の了解であれ、それが可能となる地平として時間を解釈することが暫定的目標である」[3]と述べている。ここでは現存在に関して何も言及されていない。

存在の意味への問いがギリシア人たちを活気付け、その問いは少なくともヘーゲルの時代に至るまではヨーロッパの思考を特徴付けてきたのである。しかし現代の哲学者たちにとって存在の意味への問いは馴染みの薄いものである。無論ハイデガーは十分にこのことに気付いていた。ハイデガーは幾つかの理由を引き合いに出すことで、存在問題を無視させる風潮の原因と、さらには存在問題が擬似問題であるとの疑義を引き起こさせる原因とを明らかにしている。「存在」は最も普遍的な概念であり、それ故、内容は実質的に空虚であり、定義不可能であらざるを得ないと、一般ではいわれている。仮に「存在」が、例えば「赤さ」や「質料性」のごとき述語であるならば、「存在」は確かに空虚であり定義不可能であるだろう。『存在と時間』で「〈存在〉の普遍性は種や類の普遍性ではない」と記されている。「存在」が述語ではないと指摘したのはカントであり、カントは神の実在に関する存在論的証明を批判する箇所でそれを指摘している。確かに、ハイデガーは『存在と時間』のこの箇所でカントに言及してはいない。しかし、何であれ、それに関する述語を列挙する時、それが実在する、すなわちそれは現実存在すると述べたところで、その記述には何も付け加わらないことは、理解するにさほどの反省を要しないだろう。あるものが現実存在すると述べることとは、あるものが赤である、質料的であると判断することとは全く異なっているのである。中世存在論では、「存在」はその普遍性故に、最も広範囲な類的諸概念さえも超えゆくとの意味で「超越者（*transcendens*）」と称されていたことを、ハイデガーはここで指摘している。

存在問題に従事することに対して、存在が定義不可能である、とのさらなる異議申し立てが成される。仮に定義の意味するところが、あるものに類を割り当て、続いてその類に属する他のものからそのあるものを区別する種差をそのあるものに指定することであるならば、この反論は、疑いもなく、先述した「存在」の普遍性から帰結するものである。しかし「定義」を伝統的論理学で理解するのではなく、それとは別の方法で、概念の意味を明確にすることはできないのだろうか。

「存在」の意味は自明である、とのさらなる異議申し立てが成されるかもしれない。どうあろうと、動詞「在る」は何らかの品詞的形態で頻繁に用いられており、このことは、我々が存在の意味をあらかじめ理解していることを確かに示している。実際、我々が「在る」の意味に関してあらかじめ何らかの理解を有していることは本当かもしれないが、それが何を意味しているかは決して明確ではないのである。おそらく、例えば言葉「is」が有している様々な意味を区別する程には、その意味を我々は充分に熟考してはいるのである。言葉「is」には、述語の「is」、同一性の「is」、現実存在の「is」、さらに多くの「is」があるかもしれない。しかし、これらの様々な「is」のいずれにしたところで、それの明確な理解に至ることは非常に難しいことなのである。

それ故、ここに関して問題があることはほとんど否定し得ない。いかなる形態であれ動詞「在る」を用いずには、ほとんど一文も語ることはできず、しかも、告白するに、これらの「存在という言葉」の意味が何であるかを、我々は明確に語り得ないのである。聖トマス・アクィナスによるならば、「最初に把握されるのは〈有（*ens*）〉であり、把握されるものが何であれ、あらゆる物には有への理解が含まれている」(4)。さて、このことが事実であるとするならば、存在の意味への問いに答える方法は、次の点にあると思われる。その方法は、自明ではないにしても、様々な明瞭さや曖昧さの程度で人間の心の内にすでに現前している存在了解を明確化し、可能な限り知解可能にする点にあるのである。第一章で見たごとく、人間の心が関与している現存在は、存在が明かりに至る明るみのごときものであると、ハイデガーは信じていたのである。彼の信念によるならば、このことは、哲学の原初においてパルメニデスが思惟と存在とを関連させた際に、すでにパルメニデスによって把握されていたのである。何故ならば、思惟は必ず存在の思惟でしかあり得ないからであり、このことこそが現存在と存在との特殊な連関を成さしめるものだからである。おそらくこのことは、ハイデガーの諸見解において、人間は神の似姿として創られたとする聖書の教義に匹敵する部分であろう。しかしハイデガーはこの見解を聖書からではなく、パルメニデスの言葉から導いたのであり、ハイデガーは、その言葉の意味を、存在の思惟は存在と同じである、と解釈したのである。かくして、存在の意味を探求すべき場が現存在であることが示されるのである。

仮に、パルメニデスの言葉に関するハイデガーの解釈や、現存在と存在の本質的連関、すなわち現存在と最も広い意味での存在との本質的連関に関するハイデガーの主張がいまだ疑わしいものであるとしても、現存在が存在の意味を問う唯一の存在者であることを我々人間が知っている限り、次のことはもはや納得のいくことであるだろう。現存在は存在論的問題を設定する可能性を有しているが故に、そのことだけで、問う者（現存在）に特別な地位が授けられるということは了承されることであるだろう。現存在には存在に関する了解があらかじめある。何故ならば、漠然であるにしても、問われているものに関する何かしらの観念をあらかじめ有しているのでなければ、我々は何も問い得ないからである。石や木も存在を有していると想定できるが、石や木が存在了解を有している、あるいは、存在問題を設定する能力を有していると想定するならば、それは異様なことであろう。

現存在と世界の内で出会う他の存在者との違いを成しているものが何であるかを詳細に明示し得るだろうか。ハイデガーは現存在の顕著な特徴を二つ挙げている。第一に、「現存在の本質はその実存にある」(5)。他の存在者は「本性」によって「所与」された諸特性を有するが、現存在は可能性を摑まえるか、あるいは可能性を逃すか、といわれるごとく、現存在は可能性を有するのである。

ハイデガーの見解によるならば、この違いはかなり基本的なものであり、物を記述したり定義したりする際に用いる範疇は現存在には適応し得ず、現存在にとっては、実存範疇（*existentialia*）の図式、いうならば、現存在の基本的な諸可能性の構図を析出することが必要である、と主張される程である。これは、人と物、すなわち人と人でない物とに関する常識的な区別を、より詳しく哲学的に表現しようとする試みに過ぎないのである。ハイデガーが述べる二つ目の違いの指標は、明確にするのはかなり難しい。それは、現存在に属する唯一の独自性といえるかもしれない。ハイデガーは、それを次のごとく表現している。現存在はその都度己の現存在であるか、汝の現存在であるか、とにかく、現存在は誰かの現存在である、と表現している。これはまた、現存在は各々に代替不可能である、と表現し得るかもしれない。仮に複写した本が破損したとしても、他の複写した本が全く同じように役立つだろう。しかし、この現存在なり、あの現存在なりがこの世を去ったならば、唯一なるものが去ってしまったのである。それ故に、人間の生命には測り難い価値が賦与されているのだろう。

しかし、現存在のもう一つ別の特性をここで述べる必要がある。それは、現存在が摑まえたり、逃したりする可能性によって構成されていると述べた際に、示唆されていた。現存在は他の存在者と異なっており、しかも自分自身がそうであることを知っているにも拘わらず、自分自身を世界内の他の物と全く同じであるかのごとくに見做す傾向がある。現存在は自分の存在に対する責任から逃れようと努めている。現存在は外圧に従順なのである。ハイデガーの用語を用いれば、現存在は本来的（*authentic*）であるか、あるいは非本来的（*inauthentic*）であるか、（ドイツ語では本来的は *eigentlich* であり、非本来的は *uneigentlich* である）という二つの可能性の前に立っている。前者が何よりもまず意味しているのは、自分自身であるということだけである。後者は、現存在が流行や慣習の単なる隷属者、経済機構の単なる歯車、すなわち大衆社会における個性の無い単なる構成員になってしまっていることを意味しているのである。おそらく本来性に至る人はほとんどいないだろうし、四六時中本来的であることは誰にもできないことだろう。我々の大多数は、ハイデガーが「日常的」実存と称している状態で満足しているのである。現代社会において日常的実存とは、日々同じことの繰り返しに従い、他の人と同じように在るということを意味しているのである。

興味深いことにハイデガーは『存在と時間』におけるこの箇所で、キリスト教神学への重要な言及をしている。彼は七十人訳聖書の『創世記』第一章第二六節「神は言われた。我々にかたどり、我々に似せて、人を造ろう」を引用し、次のことを示唆する為に、続けてカルヴァンとツヴィングリを引用している。人間の創造において、人間が神にかたどられることで神に向かって「超えゆく（カルヴァンの言葉）」、あるいは「引き寄せられる（ツヴィングリの言葉）」行程の始まりであることが示唆されているのである。ハイデガー自身は次のごとくに注釈している。「現代では、キリスト教のこの定義はその神学的特徴を剝ぎ取られてしまっているが、人間は自己を超えゆくものであるという〈超越〉の思想はキリスト教の教義に根ざしている(6)」のである。

しかしここでは、現存在の構造に関するハイデガーの詳細な説明に戻らなければならない。ハイデガーは現象学的分析を提示し、その分析において現存在の基本的諸特徴、すなわち実存範疇を展開している。(7) 彼の出発点となる主張は、現存在は常に世界内存在として理解されなければならない、ということである。本書の最初で私は指摘したが、ハイデガーは西洋哲学において生じてきた二分法、すなわち二元論を常に克服しようと試みている。大抵、この二元論は原初的に統一体であるものを割り裂くことで生じるのである。ハイデガーにとってこの二元論は、無世界的な主観があり、続いてこの主観が外界に関係付けられるという憶測以外の何ものでもないのである。多くの認識論者たちは、正にかくのごとく語るが、彼らが熱中しているのは偽りの問題であると、ハイデガーは非難する。現存在に意識が生じるや否や、現存在は自分を世界の内に見出すのである。しかし、世界の「内」に在るとは何を意味するのだろうか。それはただ単に、しかも主に、世界の中に置かれていることを意味しているのではない。かくのごとくこの表現を理解することは、現存在が自分自身を世界内の諸物の一つとして了解する傾向があることの正に例証となっている。世界内存在とは世界の内に「住むこと」であり、「住むこと」は、何処かに置かれて在るという単なる空間的な関係よりも、遥かに豊かで入り組んだ関係なのである。世界の内に住むことは、世界と密接な相互関係の内に生きることを意味する。それは、世界に関心が在ること、世界に支援されていること、世界に合わせ作ること、おそらく、世界の世話であり、世界の保護なのである。仮にこの仕事を相当まずく為していても、以上のごとく世界の内に住んでいるのである。まだ環境問題にあまり注目がなされていなかった時期に、すでにハイデガーは世界を主に *Umwelt*、意訳するならば「周りの世界」、すなわち環境として考察していたのである。これは興味深いことであり、ここで指摘しておくことにする。

この環境世界の中で、いつでもあらゆる物を我々は扱っている。しかし、「物」とは何なのか。ハイデガーは書いている。「ギリシア人たちにとって〈物〉に当たる語はプラグマタ（*pragmata*）である――、すなわち人が関心を持って取り扱う交渉（*praxis*）における当のものを意味する」[8]。ここで、ハイデガーが二元性を克服しようとしているのが再び看取される。我々は「物」について語る時、通常、質料的な「客体」、あるがままにただそこに横たわっている物を考える。そしてギリシア人たちも、既述のごとくに、物を考えるようになったのである。しかしハイデガーの見解によるならば、物に関するこの「客体的」な見方は、根源的でかなり具体的なプラクティカルな、すなわちプラグマティックな見方から抽出されたものなのである。日常的実存に関するハイデガーの注目によって、我々は理論と実践とがいまだに分かたれない現存在のより基本的な構えに連れ戻されるのである。

日常的実存にとって、世界とは働く世界である。最初の例示として、物は観察される客体ではなく、現存在の仕事の一連の備品と見做される。これは、ハンマー等の人工物に関して明らかに当てはまる。我々がハンマーの存在を了解するのは、いうならば、それが何から作られているかを知ることからではなく、金槌を打つという行為にハンマーが用いられているのを見ることからなのである。物とは、諸活動に組み込まれているとの意味で、手許に（*zuhanden*）存在するのである。客体として単に我々に向かって来る物は、手前に（*vorhanden*）存在するといわれるが、かくのごとき物でさえも我々は一層備品の領域に持ち込む。星さえもが方向を発見するための道具となり、太陽は時間を計るための主な道具となるのである。

現存在はいつもすでに世界内存在であるというハイデガーの見解を、世界への関係付けが必要とされる無世界な主体が在るとする見解に対比させることによって明らかにしてきた。私は後者の見解は主観主義であると特徴付けた。しかし、世界を備品の広大な体系と見做すハイデガーの理論も主観主義を意味しているのではないだろうか。それは主観主義ではないと、私は考える。何故ならば、ハイデガーの場合、現存在はすでに全く相互関係的に世界に取り込まれているからである。現存在が日常的次元でこの世界を道具的体系と見做しているとの事実は、この体系が主観的見方であることを含意しない。これは宇宙論者が判じる知性体重視論のごときものである。いかなる世界すなわち宇宙もかくのごとくに見做される為には、かくのごとく知覚する意識的存在が必要であり、人間の場合、この知覚は人間的でしかあり得ないのである。とにかく、我々にとって神の視点は存在せず、何処にも他の視点がないことは明らかである。さらに、知覚されるものに統一を与えるのは正にこの視点なのである。一つの備品はそれだけでは了解され得ない。いかなる備品も他の備品を含意する。例えば、ペンは紙との関係においてのみ意味を持ち、次に紙は書くこと、文通、交流の世界全体、同様に学習や研究の世界を含意している。それ故、「世界」とはアプリオリな観念であり、物を連結的道具立てとして実践的に了解することの内にすでに含意されているものであることが理解される。

無論ハイデガーは「科学的」な、すなわち理論的な世界概念の可能性を否定してはいない。しかし、世界内存在である現存在には世界への多様な関係が属しており、そこから世界に関するかなり具体的な理解が生じるが、その理解から抽象化されたものが科学的な世界概念であると、ハイデガーは常に主張する。現存在は第一に世界の観察者ではなく、世界の内に「投げ込まれ」、そこに住むように運命付けられたものである。ハイデガーからするならば、理論的知識は世界内存在の一つの特殊な様態ではあるが、特権的な様態ではないのである。

しかし、『存在と時間』でのハイデガーの世界解釈は、世界をあまりにも人間的に解釈し過ぎており、世界に固有な威厳や美しさに対する感謝の念がほとんど看取されないと、感じる人たちがいるかもしれない。この人々を安堵させるには、次のことを考えれば良いかもしれない。ハイデガーもおそらくかくのごとく考え、後期の哲学では、世界の物事に関するかなり豊かな観点を提供していることを考えれば良いだろう。

上記で素描された世界了解から、他の重要な観点が生じてくる。かくのごとき世界は共世界（*Mitwelt*）で在らざるを得ない。ペンが紙を示唆するならば、紙はまた手紙を受取る人も含意する。現存在は共存在であり、孤独な現存在でさえ本質的には共存在である。再びハイデガーは、個人を高く評価する傾向のある、いわゆる「実存主義者たち」と自分とを区別している。『存在と時間』のこの箇所においてハイデガーは、秀逸な著作『我と汝』を一九二三年に出版したマルティン・ブーバーに近いが、ブーバーについては何も言及していない。しかし、彼は、他者の人格を尊重する本来的関係と、支配や所有欲等が含まれている非本来的関係とを区別している。ほとんどの共存在は非本来的である。ハイデガーは、非人格的な群集という大衆社会における支配を素描するのに相当の時間を割いている。それは *das Man* と称され、英語の一般的表現では、「世間では厳しい失業者数になるであろうと囁かれている」「世間ではオリンピック・チームの選抜について不満がある」という時の「世間」に対応する。「世間」とは人々の特定のグループを明示しているのではなく、ある一般的意見や、さらには噂を伝えているだけである。ある人が「私は」といいながら、ほとんど「世間」がいっていることを繰り返しているならば、我々全員が正に「世間」の犠牲になっているのである。

現存在の基本的構成は世界内存在であり、それは他者との共存在を含んでいることを前述した。また、「内存在」という表現が単なる位置関係の意味では理解し得ないことも述べられた。「内に」という前置詞は「住むこと」の様々に縒り合わされた関係を暗々裏に有している。それは、物に関する関心（*Sorge*）であり、これに類似する共存在における他の現存在に関する関心であり、これら関心は「配慮（*Besorgen*）」という一つの言葉でかなり上手く包括されるかもしれない。ハイデガーは他の現存在に関する人格的な次元での関心を、同属的な語である待遇（*Fürsorge*）という術語で表現している。これは「気遣い（solicitude）」と翻訳されるかもしれない。分析の次の段階は、これらの関係をさらに深く精査することである。しかし、ハイデガーはここで再び次のことに注意を向けさせている。『存在と時間』における現存在の分析は、この研究の本来の目的ではなく、存在の意味への問いに答える為の途次としての「基礎存在論」を意図したものである、と。(9)

『存在と時間』のこの箇所で、ハイデガーがまず検討している現象は、ドイツ語でいうならば *Befindlichkeit* である。これに巧く適合する英語を見出すことは困難である。それは、人がいかなる時点であれ自分をそこに見出す情態を意味する。エドワード・ロビンソンと私が『存在と時間』を翻訳した際、それは「心の状態（state-of-mind）」と訳されたが、満足のいくものではない。わけても、「心の状態」の英訳によって意味は伝えられるかもしれないが、ドイツ語の表現には見出せない「心（mind）」という言葉が挟まれている点では、とても満足のいくものではない。ハイデガーはその検討において、*Befindlichkeit* を説明する為に時折 *Stimmung* という語を適用している。*Stimmung* は、英語でいうならば、「気分（mood）」や「調子（attunement）」に対応する。おそらく「情緒的状態（affective state）」が有益な翻訳であろう。気分は相当頻繁に変化し、何故かくも変化が起こるのか、その理由がわからなかったりする。しかしハイデガーの信念によるならば、気分は現存在を自分自身に対して開示する際に重要な役割を担っているのである。気分に認識的機能があると主張することは過度の要求であるかもしれない。しかし、我々が自分自身を見出すことになる様々な状況によって気分は引き起こされ、その気分がそれらの状況を我々に対して照らし出し、感覚知覚だけでは露呈し得ない状況の諸特徴を明かりへともたらすのである。ハイデガーはかくのごとき気分の例示として恐怖を分析している。恐怖の状態にあることにより、状況が恐ろしいものであることに気付くのである。恐怖は我々に現存在の傷付く可能性を開示する。かくのごとき気分に人が襲われる時、彼ないし彼女は現存在の純然たる「事実性」に気付かされる。つまりハイデガーの表現を用いるならば、現存在は自らこの実存を選択したのでもなく、自分が何処から来て何処へと行くのかも知らず、自分が存在し、存在しなければならない世界へと「投げ込まれている」自分を見出すのである。

次にハイデガーは、現存在の開示性のもう一つの要素である了解について論じる。心の状態と了解は現存在の開示性を同根源的に構成している、といわれる。「心の状態は常にその了解を持ち、……了解は常にその気分を持っている」[10]。既述のごとく、ハイデガーは実践と理論との架橋を試みているのである。それは、了解が第一に向かっているのは世界内存在の実践的な仕事であり、了解の実践的使用から抽象化の過程を経て理論的な了解が導かれる、と主張することによって試行されたのである。

心の状態によって、現存在がすでに状況に投げ込まれていることが開示され、一方、了解によって前方にある可能性が見られる。ハイデガーが了解を解明する際の最も典型的な言葉は「投企」である。ハイデガーはこの表現をあまりにも自由に用いる為、彼に一貫性があるのかどうかと問わざるを得ない程であるが、とにかく、現存在は常に投企しているのである。現存在は自分自身、意味、可能性を、さらには世界を投企する。この言葉の用い方は詳細な検討を要する。既述のごとく、実践的な次元において現存在は物の有用性の観点から世界を構成している。しかし歴史的過程において、実践的了解から世界への理論的了解が開発され、遂には、知ることに明瞭な実践的利点がないにしても、知りたいという欲求だけから現存在が了解を探求することになるかもしれない。しかし、仮に暗黙裏に遂行されたとしても、いかなる理論も含まない技術や技が一方にあり、他方に実践的側面を全く持たない理論的活動があるというのは、疑わしいことである。『存在と時間』が出版されて二年後、ハイデガーは『カントと形而上学の問題』を書いた。範疇表（すなわち、我々が世界を把握する際に用いる基本的諸概念）は、カントによって考案されたのだが、率直にいうならば、それは理論的であり、論理学に基付いている。これらの範疇と日常的経験世界との乖離を、カント自身気付いていた。それ故、彼は範疇の「図式論」と称されることを試行した。カントの主張によるならば、これは構想力の働きであり、その働きは諸範疇を時間の内にもたらし、かくして諸範疇を時間の内に存在するものに適応させるのである。ハイデガーの解釈によるならば、カントは『純粋理性批判』第一版において、無時間的な論理学と無時間的な諸範疇に対する伝統的信念を放棄するところだった（換言するならば、カントはハイデガーを予期する地点まで来ていたことになる！）のであるが、第二版でカントは伝統的な見解に戻ってしまったのである。

ハイデガーの解明手順に従うならば、『存在と時間』においては少し後の節になるが、ここで真理の問題に触れておきたい。カントの範疇に関するハイデガーの注釈によるならば、ハイデガーが「永遠の真理」を一切認めないことに、我々は心しておけるだろう。ハイデガーは公言している。「〈永遠な諸真理〉が存在するという主張は、徹底的に放逐されることなくいまだに哲学的思考の中に残っているキリスト教神学の残骸に属する」[11]。

これはさらなる解説を要する。すでに我々はハイデガーが議論する際に、語源学を用いることの幾つかの例に触れてきた。それは、彼が語の本来の意味であると信じていることに訴え掛けることによって、自分の議論にある論拠を与えようとするものである。ハイデガーは真理が主題となる節で、この方法を頻繁に用いている。ギリシア語で真理はアレーテイア（*aletheia*）である。この語は欠如的な表現であり、「非被覆性（uncoveredness）」あるいは「非隠蔽性（unconcealment）」を意味する。物が隠されず、歪曲されず、在るがままに我々に対して現前する時、我々は真理に到達する。これに続いてもう一つ別の観点が生じる。真理の場は命題ではなく、真理の内に在る現存在である。何故ならば、現存在は存在が自らを現前化する明るみ（clearing）であるからである。それ故、この観点からするならば、真理は命題の特性ではなく、現存在における出来事なのである。ちなみに、真理に関するこの理解は『ヨハネによる福音書』やキルケゴールの諸著作にすでに看取される、と論難し得る。したがって、上述の真理に関する理解は、哲学から徹底的に排除されるべきキリスト教神学の残骸の一つであると、ハイデガーは拒絶するべきではないのではないだろうか。

しかしこの問題は脇に置くことにして、ハイデガーがニュートンの運動諸法則に関して述べていることに注目する。「この諸法則は、現存在が存在する限りにおいてのみ、真理である。現存在が存在する以前には、いかなる真理も存在しなかったし、現存在がもはや存在しなくなったら、いかなる真理も存在しなくなるだろう。何故ならば、この場合には、露呈、非被覆、非被覆性としての真理が存在し得ないからである」。しかしこのことによって、一瞬たりとも次のことが示唆されているのではない。真理は主観的なものである、あるいは、我々が存在することを望むなら、それがいかなるものであれ存在し得るようになる、と示唆されているのではない。『真理の本質について』（私はかなり前に、この小論文においてハイデガーが、人間は自分が万物の尺度であると排他的に思えば思う程、過つのである、と述べているのを引用した）では、真理は自由、すなわち存在させる自由に関連付けられている。我々は、ある物をそれが本当に在るがままに存在させる時、その物の真理を受領するのである。

　既述のごとく、哲学の歴史において誤って分離されたとハイデガーが信じているものを統合することが、ハイデガーの主義主張である。このことのさらなる例として彼が取り上げるのは、了解と感覚知覚とが共属しているということである。我々が見るものは、単なる色の斑点では決してない。いうならば、我々は家や湖を見るのである。我々が聞くのは裸の音ではなく、いうならば、鳥のさえずりや、ブレーキの金きり音なのである。ハイデガーはすでに一九二五年の講義「時間概念の歴史」において述べている。「しばしば感覚知覚と称される単純な知覚でさえもが、範疇的な直観によって本質的に浸透されていることは明らかである」[12]。

　上述のことは、了解はすべて解釈を含むというハイデガーの教説に密接に関係する。了解は常に「として構造」を含み、それは、我々が周りの物をドアとして、机として、あるいはいかなるものであれ、何々な物として看取することを示している。周りの物はすでに意味を持っている。として構造だけではなく、そこには先構造もある。我々は、空っぽの、すなわち無前提な心で物に近づくのではなく、先了解、すなわち、あらかじめ受け入れられた見方や考え方や知り方で物に近付くのである。

ハイデガーの論述に従えば、言語（*Sprache*）、むしろ話（*Rede*）はもう一つ基本的な実存範疇である。既述のごとく、ハイデガーは語源学や語の歴史に魅了されている。彼は時にはそれを現存在の啓示、さらには存在の啓示であるとさえ見做している。しかし、彼の言語に関する哲学が十分に展開されるのは、彼の経歴の終局においてのみであり、それ故、これに関して刻下論議することをせずに、後述することにする。

したがって、日常的実存が有するもう一つの現象に関する考察に移ることにする。ハイデガーの術語によるならば、その現象とは「頽落（*Verfallen*）」である。それは「いかなる否定的な価値評価も表してはいない[13]」のであり、むしろ日常的な周りの世界への現存在の没頭を示している。特に、「世間」への没頭、すなわち現存在の非本来的な他者との共存在への没頭であり、その没頭においては個人的な相違が抑制され、人々は同様に生き、同様に話し、同様に考えるのである。これは、ハイデガーが『存在と時間』を執筆していた当時よりも、今日においてより明白な事態となっている。それは、メディア、特にテレビによる広大な影響の増加に主に負っている。水平化の過程は、明らかに全体主義的な社会と同様に、自由主義的で民主的であると見做される社会においても蔓延しているのである。

ハイデガーは「頽落」という語がいかなる否定的な価値評価も表していないと述べる。しかし、それは何故なのか、とその理由が問われるかもしれない。ドイツ語のこの動詞は退行だけではなく、ある種の堕落を示唆する。それにも拘らずハイデガーはいかなる倫理的判断も回避しているかのごとくであり、これはその典型である。『存在と時間』の最初の方の箇所でハイデガーは「本来的」と「非本来的」という語を導入した際に、「現存在の非本来性は〈少ない〉あるいは〈低い〉という存在の程度を現わしていない[14]」と主張している。刻下、現存在の「頽落」に関して語る際にも（「頽落（*Verfallen*）」を「落下（falling）」と英訳するならばかなり中立的になるのだろうが）、ハイデガーは「頽落」なる語が読者に、人間の堕落、原罪という神学的教義との類似を思わせかねないのを明確に承知していた。実際、彼はある箇所で、存在的に（すなわち、現実的に）人間が堕落の状態にあるのか、完全な状態にあるのか、恵みの内にあるのか、に関していかなる判断も下してはいない、と述べている[15]。ハイデガーの分析において記述された他の実存論的現象と同様に、頽落の現象は、現実性よりも可能性として説明される。かくのごとくに倫理的な判断を回避することによって、ハイデガーは現象学的方法の中立性の保持を単に試みているのかもしれない。さらには、神学との密接な関係から自分を引き離そうとハイデガーは試みているのかもしれない。しかし、「落下」すなわち実存論的可能性としての頽落を議論するにしても、頽落はある重要な点で「欠如的落下（falling short）」であり、それが神学的な罪の概念と存在論的に対応していることは明らかに認められると、人々が期待したのも当然である。

ハイデガーは頽落と見做される諸症状に関して詳細に記述しているが、その既述の幾つかを考察する時、上述の疑義はますます強められる。頽落の諸症状の一つは「世間話（*Gerede*）」であり、それは、他者との日常的な関係のほとんどにおいて会話する為だけに流れゆくお喋りである。「世間話」という表現が英語においてもドイツ語においても侮蔑的な意味を間違いなく含んでいるにも拘わらず、ハイデガーはこの箇所でも、この表現が軽蔑的意味で用いられているのではない、と述べている。そして、世間話に関するハイデガーの言説を読み進める時、読者は軽蔑的な意味合いが強く感じられてしまう。世間話は会話の乱用であり、そこでは物は明らかになるどころか、むしろ覆われてしまうのである。頽落の他の症状として、好奇心、曖昧さ、鎮静、疎外が述べられている。とりわけても最後の症状が特に重要である。現存在は自分自身から脱落する可能性を持っている。もちろん、これは、現存在が単なる物になることを意味していない。現存在は単なる内世界的な他の事物ではなく、むしろ実存が本質に先行し、ある程度の自律と創造性を有するもので在り得る特別な存在者である。かくのごとき特別な存在者である現存在が自らの本来的世界内存在を明け渡すこと、あるいは損なうことが疎外の意味することである。現存在が自分から逃れ、自分の可能性と責任とから逃走する時、頽落が生じる。「世間」の無名性と無責任さへと自分を失い、かくして落ち着きのない、しかし鎮静的な、自分の周りの物事に対する関心へと自分を失うことによって、頽落は生じるのである。これが存在の忘却の事態であり、ハイデガーの理解によるならば、ニヒリズムへと至る道なのである。

ハイデガーの実存論的分析の手順に沿いながら、現存在の構成に関する様々な洞察を得てきたが、この時点で、それらを集約しなければならない。思い出してみるならば、時間と歴史の哲学を主に追及してきた目的は、それが宗教的信念、特にキリスト教的信仰に対して有する影響を評価し得るようにする為であった。現段階では、我々の要求に応じた重要なことはあまり看取されていないように見受けられる。無論、我々は真理に関するハイデガーの尋常でない理解、特に、「永遠の真理」が存在することの否定や、真理の場は命題ではなく現存在自身の存在であるという主張に目を留めてきた。しかしながら、それはさておき、ハイデガーは時間と歴史とが人間の生と実在性一般とを解釈する為の基本的役割を担っていると主張するのであるが、その事態が看取される地点に我々は到達しているのだろうか。時間が存在のあらゆる可能的解釈の為の、ハイデガー的表現に従うならば、「地平」であるという事態を看取し得る地点に我々は到達しているのであろうか。

人間の心は全体を一気に把握することは不可能であり、常に順々に進んで行かざるを得ないのであるから、ハイデガーは現存在を理解する為に、一連の長い現象学的分析を実施してきたのである。すなわち、実存と本質、各自性、世界内存在、関心、住むこと、他者との共存在、心の状態、了解、頽落と順次的に分析してきたのである。しかし、思い起すならば、ハイデガーの哲学的試みの一つは、引き裂かれた統一体を修復することである。現存在は統一体であるが、その構成の理解に達する為には実際は分断されても仕方がないのである。しかし、その理解の行程において、現存在が統一体であるという観点を見失ってはならないのである。それは、ジグゾーパズルの多くの断片の前に立っているがごとき状態である。我々は現存在の日常的実存において明確に認められる様々な事態を説明してきたのであるが、それらを元来の統一体において看取する時にのみ、それらを適切に把握し得るのである。したがって、『存在と時間』の第一編の最終章は、先行する諸章において彼が分析してきた様々な諸現象の全てを現存在が包摂し、現存在がかくのごとき統一体であることを示すことによって、現存在の調和を修復することで終わっている。彼の言辞によるならば、「確かに、構造的全体の構成とその日常的存在様相は、現象学的にあまりにも多肢にわたるが故に、このことが現象学的に統一的に全体を見ることを容易に妨げているのである」[16]。しかし、如何様にするならば、この統一性は獲得されるのであろうか。全ての断片を正しく纏め上げるには、建築家のごとき見取り図が必要とされるのではないだろうか。

この問題に対するハイデガーの解答には驚愕させられるが、全く彼らしいものである。現存在の統一性が垣間見られるのは、不安の気分においてである。既述のごとく、心の状態、すなわち気分は、現存在が自分自身に対して開示される基本的な方途である。ハイデガーの見解に従うならば、不安は現存在を相当徹底的に開示する心の状態である。この不安という発想は後程改めて見ることにし、現下では、不安は恐怖と異なっており特定の対象が無いということに留意しておきたい。不安に最も似ているのは、何となくもやもやした感じである。それはまれにしか経験されない気分であるかもしれないが、現存在の脆さと有限さとを照らし出すのである。

ハイデガーの術語によるならば、不安が開示する現存在の統一性は関心（*care*）と称される。検出されてきた様々な現象を取り纏めるものが関心なのである。現存在は自分を世界の内に投げ込まれた可能性として了解する。現存在が直面するのは、自分の存在の本来性への自由存在である。すなわち、自分自身を選択し、自分自身を摑み取る自由への自由存在である(17)。

今や我々は時間と時間性の基本的な重要さを看取し得る地点にまで到達したのである。現存在の存在が関心として集約されるのであるならば、現存在は永続的実体ではなく、時間的な構造体である、という結論に至ると思われる。すなわち、現存在は全く非実体的なものであると見做されるだろう。ハイデガーの言葉を引用するならば、「この存在者の基本的な存在論的特徴は実存性と事実性と頽落存在である。これらの実存論的特徴は混成体に属する諸断片ではない。むしろ、それらには構造全体の全体性を織り成している原初的な脈絡があり、我々はその全体性を探求しているのである(訳5)」。

ハイデガーによって三つの存在論的特徴が述べられたが、その内の実存性は了解に関係し、了解は現存在の可能性を自分の前に未来に向かって投企するのである。事実性は心の状態、すなわち現存在の開示性に関係し、それは現存在がすでに状況の内に投げ込まれていることを開示する。すなわち、いかなる訳かは分からないが現存在がその現在にもたらされることになった過去を有していることを開示するのである。頽落存在は現存在が自分の世界と「世間」へと現在的に没頭していることである。ハイデガーはこの統一的ではあるが多層的な構造を纏め上げるが、それは彼がこれまで成したものの中で最も冗長で洗練されていない文であると見做さざるを得ない。「現存在の存在は、(内世界的に出会う存在者の)許に存在することとして、すでに(世界の)内に、自分自身に先立って存在することを意味する」[18]。

時間と時間性が今や我々の議論の前面に出てきた。しかし、以上では、現存在の日常的な、主に非本来的な存在様態において現存在が思惟されてきた。それ故、本来的存在における現存在の解明を試行している『存在と時間』第二編に、向後は注目していかなければならない。

第三章　覚悟した本来的実存

既述のごとく、ハイデガーの現存在に関する現象学的分析は、現存在の基本的な存在論的構造を包括する定義として関心に帰結した。さらに関心そのものが時間的な基礎を持つことが看取された。現存在の了解が自分の存在可能性を投企するのは未来である。未来の存在可能性を了解することにおいて、かくのごとき存在者である現存在が自分自身を見出す状況を規定しているのは過去である。さらに、現存在は過去と未来の狭間において、世界の日常的実存の現在的要求に気もそぞろに没頭している。この事態を規定しているのが「頽落」である。何故ならば、かかる事態は、現存在から独自の実存を奪い去り、あたかも内世界的な他の事物であるかのごとき存在者として自らを取り扱うからである。

しかし、ハイデガーは実存論的分析を開始するに際して、日常的な実存において現存在を研究すべきであると主張しているが、そこで導出される結論は暫定的なものでしかあり得ないと明言している。『存在と時間』第二編の最初で、再度ハイデガーは、主要課題は「存在」一般の意味であること、また、存在問題を引き起こし、すでに暗黙の存在了解を有している存在者である現存在を分析する理由は、この主要課題への準備の為でしかないことに注意を喚起している。(1) したがって、考察をさらに進める以前に、現存在に関する既述の理解がこの課題を成し得る程に適切であるのかどうかを確認しておくことは、必要不可欠なことである。

ハイデガーは、現存在を関心として定義することに帰結した上述の分析が二つの点で不十分であり、繰り返し深められなければならないことを認める。最初の欠陥は、分析が現存在の実存におけるある一部分だけしか扱っていないことである。しかし、現存在はその全体性において誕生と死との間の全体的な時間的構造を成している。我々は現存在をその全体性において摑み取る方法を見出しているだろうか。二つ目の欠陥は、現存在はその日常的な現れにおいて研究されてきたのであり、かくのごとき日常的実存は非本来性によって主に特徴付けられるということである。何故ならば、非本来性において現存在は正に自分自身ではなく、生成の可能性を有した創造的中心ではなく、むしろ支配的な「世間」の産物として沈静化され疎外されているからである。それ故、現存在に関して再検討する必要がある。現存在をその完全性において考察する為には、いうならば、いかなる現存在にとっても人生の決算となる死に着目しなければならない、と推断される。一方、現存在をその本来性において考察する為には、現存在における良心という現象の構造に着眼しなければならない、と推察される。何故ならば、現存在に本来的な実存論的諸可能性の実現を指示するのは良心だからである。

死を哲学の主要な課題にすることは、確かに、革命的な歩みであった。それは新たなニヒリズムの出現を表明しているのだろうか。リヒャルト・クローナーは、一九二七年にハイデガーの考察が与えた衝撃について思い出している。「私が最も魅了され驚愕したことは、彼の形而上学的な存在概念というよりは、むしろ死や死すべき運命に関する彼の考察であった。これらの考察が彼の議論全体の正に中心を成しているように思えたのである。私が学生だった当時、ドイツ人のほとんどが〈生の哲学〉に関して論議し著述していた。〈生の哲学〉は、特にニーチェが喧伝したものであり、アカデミックではない文学サークルにおいても広く受容されていた。私たちの大学教授たちは、そのような大衆哲学を軽蔑し、厳しく非難し、それは学問的価値を一切持たず、単に感情を掻き乱すだけであり、精査するならば容易に論駁し得るものである、と教えていた。しかしハイデガーはこの生の哲学を死の哲学へと変容し、批判的方法によって強固に保護し、学問的体裁を与えたのである。この新たな装いで、以前には拒絶されていた生の哲学が大いなる注目を集め、かなり注意深い研究が要求されることになったのである(2)」。

この死の哲学に関して「かなり注意深い研究」が要求されていると、クローナーは主張しているが、それは正しいだろうか。むしろそれは、ある人の状況に対する単なる主観的で情緒的な反応に過ぎないのではないだろうか。この問題に対する解答は、さらなる一般的な問題に対する解答に依存するだろう。哲学は純粋に知的な活動であり、人間の本性における情緒的で意志的な要素を捨象して、論証という技術によってのみ遂行されるものであるのだろうか。あるいは、哲学的営為は——少なくとも存在問題を自らの主題と成す哲学的営為は——、より広範囲な基礎を有するのではないだろうか。この種の哲学的営為は人間の実存全体に根拠付けられなければならないのではないだろうか。すなわち別言するならば、我々は単なる観察者ではなく、むしろ多様な仕方で関心を抱き関わっている世界内にいつもすでに実存している者として自分自身に開示され、それ故、可能な限りの存在了解はその全体的な状況から求められなければならないのではないだろうか。

以上のいかなる場合であれ、ハイデガーが死の現象学を如何様に試行し、それを如何様に自分の哲学に組み入れたのかを次に見てみることにする。彼は自然現象としての死には興味がない。それは生物学に属し、人間が動物と共に有している運命である。彼は死の彼方に在る生の可能性に関する思弁的な問題には関わろうとはしない。このことは、現象学は自然科学と同様に中立である、さらには、方法論的意味で無神論である、という彼の信念に連なっている。彼の言葉によるならば、「死に関する此岸的な存在論的解釈は、いかなる存在的な彼岸的思弁よりも先行する」[3]。死の現象学における彼の目的は、死が現存在の存在にいかに関わっているのか、死が現存在に関して何を教えてくれるのかを問うことなのである。

しかし、死の現象学はそもそも可能なのだろうか。ハイデガーは日常的実存の分析において、了解、情緒的状態、話、不安、関心、気遣い等の現象を精査している。これらは全て日々の経験に属しており、持続的に関与し、反省することで、我々はこれらに関して知っている。それ故、『存在と時間』の第一編の諸章で看取される記述的分析がそれらに関しては実行可能なのである。しかし、死に関しては可能ではないのである。死は考慮し得る日常的経験ではなく、むしろ全経験の終焉である。現存在を誕生から死までの完全性において把握せんとするハイデガーの目論見は非現実的であると見做される。何故ならば、現存在が正にその完全性に到達した時には、すでに現存在は存在しなくなっているからである。

他者の死を観察することでこの困難は克服し得るだろうか。他者が実存しなくなるのを観察することは可能である。しかし、その時死は単なる自然的出来事、いわば「外で」起こっている出来事と見做されている。自分の現存在に属するものとして死が経験されているのではない。しかしハイデガーは、他者の死に接近するというこの欠陥からむしろ積極的な死の特徴を導出している。想起してみるならば、ハイデガーは、現存在を最初に記述する際に、現存在は常に各自のものであるという風変わりな指摘をしていた。現存在は各自性、個別性、代替不可能性を有し、記述するのは難しいが、現存在は各自の中心なのである。この特殊性は死との関係において特に顕著である。彼や彼女の代りにその他者の死を死ぬという意味で、誰もが他者に代わって死ぬことは不可能である。他者の為に死ぬことで、その他者の死を延期することによって、その他者の命を「救う」ことは可能なことであるだろう。しかし、上述のごとき「代りに死ぬこと」は、ハイデガーによるならば、

「その他者によって彼の死がほんの僅かなりとも除去されたということを意味しているのでは決してないのである[4]」。他者の死を観察することによって死の理解に至ろうとする試みは成功し得ないのであり、少なくとも、このことによって理解されることは、おそらく死は唯一移譲不可能なことである、ということなのである。

　おそらく死の現象を照らし出すかもしれないある類比がある。死は現存在の終わりであると考えられる。しかしそれは、命の終焉に到達するという付加的な出来事ではないのである。死は正に現存在の存在に属することである。ハイデガーは、死が果実の完熟に類比し得るのではないだろうか、と自問している。完熟は果実に付加されるものではなく、果実の特別な在り方である。しかしハイデガーはこの類比がすぐにも破綻してしまうのを言下に認める。何故ならば、完熟は果実の完成であるが、死は死ぬ彼女や彼が自らの潜在性を完成しない内に訪れたり、あるいは、死ぬ人が衰弱してようやく訪れてきたりするからである。しかしここでも、この類比的試みの欠陥から積極的なことが現出し、死の実存論的意味を見通させる。死（これは確かに逆説的である）は現存在の究極の可能性、追い越すことのできない可能性なのである。

　死に関するハイデガーの見解に対して「逆説的」という言葉を私は用いた。何故ならば、死に直面してのリアリズムが推奨されているのかどうか、すなわち、実存には破棄される時点があることを現存在が認め、自らの選択に際してはそれを考慮すべきであると推奨されているのかどうか、あるいは、彼の推奨する見解には、かなり邪悪で虚無的でさえある死の高揚があるのかどうか、全く明瞭ではないからである。

死に関するハイデガーのさらなる考察においても、上記の問題に対する明確な答えは得られない。何故ならば、彼はさらなる考察においても、死における凡庸な時間的形式を追跡しているだけだからである。可能性として死は未来に属する。確かに、死は私の重大な可能性であり、他の諸可能性は死に直面して在り、死に関係付けられて評価されなければならないのである。この点において、ハイデガーは彼の自称の弟子サルトルと異なる。サルトルは、死は実存論的な意味で可能性ではなく、全ての可能性の消去であり、人生の無意味さを暴露する決定的な不条理であると主張する。ハイデガーは不条理を主張するまでには至らない。実際にハイデガーが教導していると見做されることによるならば、現存在が有限な人生の中で有意味なことを成し遂げられるのは唯一死によるのである。重要なことは、死を追い越すことの不可能な究極の可能性として先駆的に意識しつつ、それでもなおかつ生きることである。これはある種の世俗化された個人的な終末論であると理解されるであろう。

仮に死が可能性として未来に関連しているならば、死は現存在の事実性における一要素として在り続けているものにも関連している。いかなる現存在もすでに死へと投げ込まれているのである。我々は死を受動的に受容することも、あるいは能動的に自らに相応しいものにすることもできるが、死から逃れることはできない。死は現存在の実存の最も確実な出来事であるが、その確実性には不確実性が付随するのである——何故ならば、死はいついかなる時にでも訪れる可能性があるからである。

かくのごとき死は、ある意味では現在的でもある。死は被投的な可能性としてすでに通用しているものであり、それ故、実存論的分析にとっても理解可能なものである。「頽落」すなわち非本来的な実存は、既述のごとき現状において住んでいるが、死の現在的な可能性を自らに覆い隠しているのである。特に現代社会においては、死に関して語ることは忌避されるか、死は婉曲な言葉によって覆い隠されるのである。しかしむしろこのことは、現存在が正に自分自身の存在の真理に直面することを嫌悪している証しなのである。

ハイデガーは死への先駆を我々に強く勧める。それは、自殺的方法で死に突進することではなく、「死に臨む存在」、すなわち人間の有限性に関する透視的な受容という意味においてである。それは、死の確固たる現前性を意識して生きることを意味するのである。ここで再び不安という気分に出会う。「不安（*Angst*）とは、現存在の他人事ではない孤立させられた存在から生じてくる絶対的な不断の脅威を自分自身に対して開放しておくことのできる心の状態である」[5]。この不安によって、現存在は頽落から逃れられ、自分自身に自分の本来的存在を取り戻すことが可能となるのである。「先駆は現存在に世間的自己への自己喪失を暴露し、……情熱的に死へと向かう自由の只中で……現存在を自らの存在可能性に直面させる」[6]。これらの言葉は『存在と時間』の情緒的な極致を示しており、おそらくそのプロメテウス的諸特徴故に、キリスト教だけではなく宗教的ないかなる立場からもハイデガーを遥か遠くまで乖離させ、アルベルト・カミュのごとくに「反抗の形而上学」へとハイデガーを向かわせていることの現れなのである。もちろん、カミュは、いかなる厳密な意味においても哲学者ではなく、むしろ文学的な人物であったのであるが。

上述のごとくにハイデガーの思考が彼の初期のキリスト教的繋がりから離反していったことは、彼の実存論的分析が深化する第二段階へと到達する時に、すなわち、彼が実存の日常的様態とは正反対の本来的様態において現存在を記述する時に、確証される。非本来性は現存在にとって回避不可能な運命ではない。「非本来性は、現存在が自分から転じ得る、そして大抵はすでに自分から転じてしまっている存在様態の特徴であるが、現存在は必ずしも常時この存在様態に自分から転じ得る必要はないのである」(7)。非本来性から離脱する方法は、良心（*Gewissen*）に自ら進んで従おうとすることである。良心は現存在が自分に対して開示されるもう一つの途である。ハイデガーの説明によるならば、良心は呼び声のごときものである。良心の声は現存在を頽落した状態の自己欺瞞から呼び出し、すでに死へと投げ出されて有限的に実存している現存在の真なる状況を透視的に受容することへと呼び出すのである――すでに引用した文言を想起するならば、良心の声は「死への自由」を受容することへと呼び出すのである。

この良心の呼び声は何処からくるのだろうか。それは、我々が聞き従う社会の声でもなければ、両親や教師から刷り込まれた超自我でもない。実際、良心の呼ぶ声が我々を呼び出すのは「世間」の判断からなのである。さらに良心は神の声ではないのであり、良心に関するいかなる超自然的な存在も想定する必要はないのである。良心は現存在自身から生じてくる。現存在は本来的に実存し得る自分自身の潜在性によって呼び出されるのである。「良心において現存在が自分自身を呼ぶのである(8)」。

良心の呼び声に聞き従うことは、自分の実存に関して自ら責任を負うことである。しかし、この責任を負うことは、同時に負い目を感じることである。この点に関するハイデガーの議論はいささか不明瞭である。彼は負い目（*Schuld*）の元来の意味を「借り」と想定する。現存在はいつも負い目がある、すなわち自分自身の諸可能性から遅れているとの意味において負債があるのである。現存在は自分自身の存在の根拠ではなく、すでに存在へと投げ込まれてしまっているのである。それ故、現存在は正にその構成において否定、あるいは無効がある。現存在は決して自分自身の存在の主人ではないが、それにも拘らず自分の存在に責任がある。これは、現存在にある基本的な矛盾が存在していることを示しているかのごとくに見受けられる。そして、ハイデガーは彼の思惟のこの段階において、人間は「無益な情念(9)」であるというサルトルの立場、すなわち人間は満たすことの不可能な大いなる諸可能性を有した存在であるという立場に酷似しているのではないだろうか、と疑ってみる必要があるのである。

無論、この地点で実存論的分析が宗教的転回を試行するならば、それを完遂し得たかもしれない。何故ならば、聖パウロや他の数多のキリスト教的著作者たちにおいては、人間的弱さは神の恵みに対する信仰と帰依へと人間を導き入れる序奏を意味していたからである。しかし『存在と時間』にはかくのごときことは一切ないのである。人間存在は現存在、すなわち世界内存在として実存へと投げ込まれて在ると同時に、死へも投げ込まれて在り、自分以外のいかなるものも淵源として有してはいないのである。ただし後述するが、ハイデガーは自分自身をサルトルからも、人間を万物の尺度とするがごとき人間主義からも峻別している。正にこの段階において、ハイデガーは彼らとは別の道を歩もうとしていたと推察されるのであり、既述のごとく『存在と時間』出版のわずか三年後に、人間が究極の裁定者であるという見解を、彼は疑問視しているのである。[10]しかし『存在と時間』における言説に唯一凝視するならば、サルトルがこの本を繙読した方法はほとんど非難し得ないと率直に容認せざるを得ないだろう。私はすでに、ハイデガーが「情熱的な死への自由」に関して語る際の観点を「情緒的な極致」と称して、その内実を陳述した。その陳述によるならば、良心によって現存在が召喚される本来的実存がハイデガーによって解明された後、それに連接して情緒的移行が遂行され、死に直面する「先駆的覚悟性」は単なる不愉快な忍従ではなく、苦闘の只中におけるプロメテウス的歓喜となるのである。「孤立化された存在可能へ臨ませる粛然とした不安には、この可能性における揺るぎなき歓喜が伴うのである[11]」。

ハイデガーが死かつ良心を考察する目的は、『存在と時間』の最初の諸章において析出された現存在の実存論的分析を深化させる為である。我々が導かれてきた、現存在の存在に関するさらに原初的であると見做される解釈とは何であるのか。ある意味において、その解釈についてはいかなる新味もなく、驚嘆すべきものもないのである。何故ならば、先行の議論においてすでに全てが素描されているからである。想起してみるならば、ハイデガーのこの本の第一編の終わりにおいて、現存在の存在を集約する包括的概念は関心であると帰結された。しかし、関心それ自身は三つの構造を有することが示された。関心は了解から成り、了解によって現存在は自分自身を未来へと投企する。関心はまた気分あるいは情緒的状態から成り、それらによって過去の状態の結果としてすでに投げ込まれて在る状況が現存在に開示される。最後に、関心は頽落から成り、それは、現存在が「世間」と日常的実存との非本来性へと現時において失踪していることとして理解される。以上の現存在解釈が、死と先駆的覚悟性への召喚とに関する議論を経て捕捉されたのである。全体的素描において特出していることは、現存在の本質的な時間的特徴である。かくのごとき特徴的なこの存在は我々自身の存在であり、存在としての存在の意味への問いに従事する為の準備段階として究明されてきたものであり、時間的構造を成しているのである。関心を可能にするものは時間性である。我々がハイデガーによって導かれてきたところは、この時間性という現象なのである。この現象は、自分自身の人間的実存を含む現存在の本性を理解する為の最初の糸口であり、なおかつ彼の希望的予測からするならば、この現象がさらに遠大な問題、すなわち存在一般の意味に関する問題への最初の糸口となるはずなのである。

時間と時間性の強調、それ故、共同体の時間性、すなわち共存在としての現存在の時間性である歴史の強調は、ハイデガー哲学の中核を成す特徴である。しかし、それは大概の哲学的伝統と乖離させてしまう特徴なのである。哲学の伝統からするならば、大抵の場合、自己とはある種の実体、おそらく精神的すなわち非物質的な実体と考えられているが、かくのごときではなくとも、とにかく自己とは実体であると見做されているのである。自己に対してその実体性を拒絶し、自己を時間的構造であると解釈することは、自己から永遠性を有する権利を剝奪することであると断じられるだろう。ハイデガー哲学においてさらに驚愕させられることは、存在としての存在が時間的であると想定されていることである。かくのごとき考えは、存在の意味への糸口が現存在にあると見做し、現存在は徹頭徹尾時間的であると提唱するならば、ほとんど回避し得ない帰結である。ある注釈者の言辞によるならば、「おそらくハイデガーが最も徹底的に主張しようとしたことは、存在論はその本質において時間的特徴を有しているということである」[12]。しかし、程無く解することになるが、例えば、現存在の時間性が如何様に物理学の時間に関係するのか、ハイデガーは全く明らかにしていない。結局、ハイデガーは、現存在の存在分析から存在の一般的問いへとただちに繫がる道はないと論断するに至ったのである。

ハイデガーは現存在の基本的解釈として時間性を如何様に考察しているのか。話題をそこに回帰させるならば、そこには留意すべき重要な点がある。時間に関して考察する際、大抵の場合、過去、現在、未来と称される三つの「次元」が時間に割り当てられる。時間を想像する通例として、時間とは一連の連続的な「今」である。各々の「今」は流れ去る時点であり、それは未来から来て、過去へと滑りゆくのである。さらに我々は、今存在するものだけが本当に在るものであると考える傾向がある。すなわち、未来はいまだ本当に在るのではなく、一方、過去はもはや本当に在るのではないのである。しかしハイデガーはこの一般的な時間理解を拒絶する。この理解において時間は他の多くの物と同様に対象化すなわち具象化され、それ故、これらの持続的時点はかくのごとき物であるかのごとくに手前に存在するのである。対象化された時間は、世界内存在としての我々の経験において第一に知られる時間ではない。対象化された時点は他の時点に対して全く外的であるが、このことは現存在によって経験される時間においてはあり得ないことである。

現存在の時間すなわち時間性において過去、現在、未来の三つの次元は内的に関わっている（ハイデガーは選り好みしてこの次元を「脱自態」と称している）。過去は未来へと侵入し、未来は過去へと侵入する。過去も未来も現在を構成する助けとなるのであり、それ故、現在は過去と未来との間にあるナイフの刃のごときものではなく、現在は明らかに長さのある期間なのである。既述の分析において、これらの内的関係に関しての例示がすでに為されている。過去とは事実性であり、ある程度において依然として現在と未来とを左右している。したがって、ハイデガーが単純な過去時制よりも完了時制を頻繁に用いる理由が理解される。何故ならば、行為を単純過去として扱う時制とは異なって、完了時制は現在へと続く行為、すなわち現在にその影響を有している行為に言及しているからである。同様の仕方で、投企は未来に関係するのであるが、それは今過ぎ去った時間の内で形成され、依然としてその投企に我々は今も関わっているのである。

上述のごとく、現存在の時間と「時計時間」と称されるものとの関係はあまり明瞭ではないが、それは驚くべきことではない。何故ならば、時間は大いなるミステリーの一つだからである。同様に、時間の空間に対する関係も明瞭ではない。物理学者たちは「時空」に関して語り、頻繁に時間を「四番目の次元」として語るが、時間は長さ、広さ、厚さと同じ秩序を有するもう一つの次元ではない。この時間は不可逆性の観点において独自であり、その独自性は人間的経験においても周りの世界においても保持されている。時間の議論においてハイデガーは興味深い注記を差し挟み、そこで試験的に現存在の時間性と神の時間性の関係について示唆している。「〈永遠性〉の伝統的概念が〈とどまれる今（*nunc stans*）〉を意味しており、それが通俗的な時間理解から汲み取られ、〈恒常的〉手前性の理念に即して画定されたものであるということは、詳論する必要のないことである。もし神の永遠性が哲学的に〈構成〉し得るなら、それは一層根源的な〈無限な〉時間性としてしか理解できないだろう。否定と優越の道（*via negationis et eminentiae*）によって与えられる道がその為の可能な道なのかどうかは、検討されるべき問題として残されたままである[13]」。

『存在と時間』の最終章において、時間は三種類にも及んで言及されていると推察される。それは、現存在の時間性としての時間、世界時間、そして神の時間性としての時間である。既述のごとく、現存在の時間性は誕生と死の間に伸張している期間である。ハイデガーの言辞によるならば、現存在の時間性は現存在が差し込まれることのできる空っぽの広がりとしての時間ではなく、現存在が「自らを伸張している」のである。すなわち現存在は何らかの仕方で自らの時間を生じさせているのである。かくのごとく示唆することで、ハイデガーはカントとある信念を共有していると推考される。その信念によるならば、時間とは我々が質料的世界を直観する際に意識によって課せられる形式なのである。現存在の時間は第一に実践的な考慮から画定される——例えば、起きる時間、仕事に行く時間等のごとくに画定されるのである。しかし、現存在は他者との共存在であるが故に、個人的な時間が相互に関係付けられる必要があり、その一方で現存在は、太陽と季節によって規則化されている客観的時間のごときものが存在している世界の内に自分がすでに存在していることを看取しているのである。ハイデガーは下記のことに関して問題提起をしていないのであるが、おそらくこの世界時間もまた、その中で世界が歴史を開始するのをあらかじめ「待っている」のではなく、現代科学（そして何とアウグスティヌス）が教示しているごとく、時間は世界と共に始まったのであり、ある意味で、時間は世界によって生じたのである。最後にハイデガーの先述の注記からするならば、我々は神の時間に関して問わざるを得ない。もっとも、ハイデガーがこの問いを立てた時、彼は純粋に仮定として問題提起をしたのであると、私は推定するのではあるが。しかしこの注記において、神は「無時間的」あるいは「超時間的」であるとの意味において「永遠」であるという見解を、ハイデガーは明らかに拒絶していることが推察される。現存在同様に神も時間的である。しかし、神の時間性は我々の時間性に比して「一層根源的」で「無限」であると述べられている。それは、神が時間の内に（*innerzeitig*）存在していることを主張しているのではないだろう。同様に、現存在はその本質において時間的であるのだが、やはり時間の内に存在しているのではない。ここには、現存在の時間への関係と現存在の世界への関係との間に類似点が看取される。現存在は常に世界内存在であるが、他方、世界に内属する他の事物すなわち物ではないのである。それ故、ハイデガーの真意は下記のごとくに解釈することが容認されるかもしれない。仮に神が存在するならば、神は時間的である（このことから生じる幾つかの帰結を後程見ることにする）が、神の時間性は神が引き起こしたものであり、その時間性は神自身よりも根源的な媒体ではないのである、と。

共有される時間や、時計と暦の必要性についての言及から帰結することは、それらが一般に歴史と称されている時間的実存の特殊な形態であると看取されるということである。現存在は孤立した個人として実存しているのではなく、程度は様々ではあるが他者との繋がりにおいて実存しているのである。多分に個人的な決断であってさえ、自分の所属する社会において偶発する大きな出来事によってひっくり返されたり、破棄されたりすることから免れることはできないのである。例えば、戦争の勃発は個人の人生を全く変えてしまうかもしれないのである。

「歴史」に関して語る際、我々は曖昧な言葉の使い方をしている。英語においては、その曖昧さは多分に顕著である。英語の「歴史」は、時間における一般的な出来事の流れとしての「歴史」と、それらの出来事に関する研究としての「歴史」とを意味する故に、かなり曖昧である。ドイツ語においては、この曖昧さを回避することが可能である。出来事の流れとしての「歴史」は、「起こる」を意味する動詞 *geschehen* から派生した *Geschichte*（歴史）という言葉が用いられ、歴史的出来事の研究としての「歴史」に対しては *Historie*（史学）という言葉が使用可能である。ハイデガーはこの区別を用いるが、彼が指摘したい要点は、*Geschichte* という術語、すなわち出来事の流れを意味する「歴史」という術語自体が多様な意味を有しているということである。大抵の場合、*Geschichte*（歴史）は過去に起こった出来事に用いられる。また、それは、過去の残留物に対しても用いられる。例えば、古代のコインは歴史の一断片であるという時が、この場合に匹敵する。また通例として「歴史」という言葉やその派生語は、自然的原因によって生じた出来事とは区別されて、人間的作用によって引き起こされた出来事に対して用いられる。それ故、戦争は歴史的な出来事であるが、他方、嵐は自然の出来事なのである。もっとも、嵐も人間に起因する出来事の過程に影響を与えるならば、歴史的な出来事であると見做されても構わないのである。例えば、その嵐はスペインの無敵艦隊を四散させたという時が、これに該当するだろう。

　上述のごとき論点から、ハイデガーは下記のことを指摘したいのである。第一に歴史的であるのは常に現存在であり、手許に存在するものであれ、手前に存在するものであれ、物は現存在との関わりを通した二次的な仕方でのみ歴史的であるに過ぎないのである、と。例えば、博物館にある文化遺産は歴史的であるといい得るが、それらが歴史的であるのは、それらがもはやこの世界に存在しない現存在の手許に存在していた備品の全体性の一部であったという理由からでしかないのである。ハイデガーの言辞によるならば、「明らかに、現存在が決して過去的ではあり得ないのは、現存在が不滅だからではなく、本質的に現存在が決して手前に存在するものではあり得ないからである。それはむしろ、現存在が存在する限り、現存在は実存しているからである。存在論的に厳密な意味においては、もはや実存していない現存在は過ぎ去ったのではなく、むしろ〈かつて現存していた〉のである」[14]。

　さて、現存在が第一に歴史的であるのであれば、現存在の時間性に関して先述されたことは、現存在の歴史性に適用されることにならざるを得ない。何故ならば、歴史は時間性の特殊な形態だからである。現存在が物に適用される範疇ではなく、実存範疇によって理解されるべきであるがごとく、歴史的研究においても同様でなければならない。例えば、歴史的な因果関係は自然の因果関係と異なる。同様に、現存在の時間性が一連の個々の「今」ではないごとく、歴史においても、過去、現在、未来の次元は相互に内的に関係しているのである。以上の指摘から逆説的な帰結が生じてくる。歴史研究という意味での史学は、未来に関わる程には過去に関わっていないのであり、可能性に関わる程には事実に関わっていないのである。未来へと本来的諸可能性を投企する為に、歴史は過去へと進入し、現存在の本来的諸可能性を発見する。ハイデガーはこの行為を回復あるいは反復（*Wiederholung*）と称している。おそらくこれによって、数多の偉大な政治家たちが同時に鋭く歴史に学ぶ者であることの理由が説明される。あるいは、存在の意味を哲学的に探求する際に、ヘラクレイトスやパルメニデス等のソクラテス以前の思想家たちの断片的言説に、ハイデガー自身が引き戻って行った理由が説明される。しかし回復や反復の発想は重大な問題を引き起こす。過去の偉大で重要な出来事の模範的役割を過度に強調することにおいて、ハイデガーは未来における大いなる創造的出発の可能性を排除しているのではないだろうか。知識は新発見によって持続的に拡張されてゆくものであるという見解が、多少無意識的であるかもしれないが、今日では受容されるようになってきている。程度においては様々であるだろうが、大抵の人は進歩を信じており、その信念は自然科学の持続的な進歩によって培われている。もっとも、自然科学以外においては、進歩したといい得る程の証拠はないかもしれない。往時の人々に比して現時の人々は道徳的に進歩しているのだろうか。世界戦争を生き延びた人々、中央および東ヨーロッパにおける死の収容所を生き抜いた人々ならば、進歩しているとは主張し難いことだろう。道徳を形成する際、人々にとって哲学と宗教が絶大な影響力を有しているのであるが、その哲学と宗教において幾ばくかの進歩があったと主張することはさらに難しいのではないだろうか。この問題に関するハイデガーの信念を推察するならば、哲学と宗教の領域において偉大であるのは原初であり、その直後には堕落傾向が続くのである。確かに、一九世紀に浸潤した確固たる普遍的進歩という見解の全てが、二〇世紀末葉に至るに及んで、かなり疑わしいものになってきている。それ故、未来に立ち向かうに際して、過去において開示された偉大なる諸可能性を持ち来たらし、それらの現実化を試行することは的確な方策であると大概思われる。しかし推考するに、このことにおいて示唆されているのは、現存在の無上の諸可能性はすでに開示されており、それ故、現存在の未来とは制限なき超越ではなく、継続的発見、すなわち、かつて現存していたもの（かつて在った現存在）の再発見なのである、ということである。

上記のことは、ニーチェにおける同一なるものの永劫回帰という教説に匹敵するのではないだろうか。確かに、ハイデガーはニーチェ哲学に対して多大の関心を寄せ、それに夢中にさえなって、遂にニーチェに関する大著を成している。その大著においてハイデガーはニーチェの教説を詳説すると同時に、批判もしている。[15] 現下に我々が考察している『存在と時間』をハイデガーが著している時、彼はニーチェに対してある親近性を覚えていたに違いない。現存在は死への自由存在における自らの覚悟によって本来性を獲得しなければならないというハイデガー特有の見解は、神の死によって己の運命に対する制御が人間に許容されるのであるならば、神の死は支払われるに値する対価であるというニーチェの主張を彷彿とさせるのではないだろうか。

実際、ハイデガーは『存在と時間』の歴史の議論の途中で明確にニーチェを導入している。ハイデガーはニーチェの手になる一冊の小論集に言及している。それは、英語では『時節はずれの考察（*Thoughts out of Season*）』として、ドイツ語では『反時代的考察（*Unzeitgemäße Betrachtungen*）』として周知されている。この考察においてニーチェは歴史を記述する三つの異なった方法を識別している。ハイデガーと同様に、ニーチェも歴史的知識を現代に生きることとの諸問題に適応することに関心を抱いているのである。ニーチェによる歴史の三つの類型の最初は、彼によって「記念碑的」と称される歴史である。この種の歴史において、過去の偉大な、すなわち「記念碑的」な偉業は現在と未来に関する妙案を得る為に役に立つのである。これは典型的な歴史の反復であり、ハイデガーにとって特に関心を引くものであり、さらに宗教や神学にとっても重要なものである。何故ならば、宗教と神学において、過去の偉大な啓示的出来事は更新され、説話と儀式において再現されさえするからである。なお、ニーチェにおける他の二つの「好古的」と「批判的」という歴史形態も、ハイデガーによって承認される。これらの三つ共がハイデガーにおける時間性の三つの脱自態に概ね相関しており、したがって、現在を批判し、未来と折り合う為に過去を探求することは、過去と現在と未来との間に保持されている内的関係を確証するさらなる証拠であると見做されるのである。なおもハイデガーは歴史に関する自分の見解を、自分よりも先の時代に、人文科学の為の独自の方法論の構築を試行していたヴィルヘルム・ディルタイの見解と関連付けている。

　上記のことに関するハイデガーの見解は、彼自身の次の言辞にある程度明確に纏められている。「その存在において本質的に未来的で、それ故、死へ向かって自由であり、死に抗して打ち砕かれることで、自分の事実的な〈現〉へと自分を投げ戻すことのできる存在者――換言するならば、未来的であると共に、同根源的に既住的でもある存在者、かくのごとき存在者だけが、継承した可能性を自分へと受け渡すことで、自分の被投性を引き受け、〈自分の時代〉に対する瞬間的眼差しにおいて存在することができるのである。本来的ではあるが、同時に有限的でもある時間性のみが、運命のごときものを、すなわち本来的歴史性を可能にするのである[16]」。

　上記において「運命（fate）」という言葉が引用されているのを見て、当惑した、あるいは混乱さえしてしまった読者がいるかもしれない。『存在と時間』の同箇所において、類似の「宿命（destiny）」という言葉を見て、さらに困惑するかもしれない。二つの言葉の関係は英語に比してドイツ語においてかなり明瞭である。二つの語はドイツ語では *Schicksal* と *Geschick* である。両方に共通なのは、-schick- という音節である。この音節は動詞 *schicken*「遣わす」から由来する。運命も宿命も自分自身の選択によって生じたものではなく、むしろ我々に遣わされたものである。ハイデガーがこれらの言葉を用いる仕方によるならば、運命（*Schicksal*）は個人に遣わされたもの、宿命（*Geschick*）は社会や国家、あるいは他の集団に遣わされたものである。したがって、ハイデガーの見解によるならば、歴史とは単に人間の決断や行為による結果であるのではないと推考されるだろう。仮に上記のごとくであるとするならば、遣わすのは誰であるのか、あるいは何であるのか。運命や宿命は不可避なものなのだろうか。

英語圏においては、運命や宿命に関して語ることは尋常なことではない。人間存在が歴史の全行程を決定するのではないことを容認する人はいるかもしれないが、おそらく彼らは運命や宿命よりも神や摂理に関して語るだろう。たまさかに運命や宿命という言葉が用いられるが、それらは疑念を引き起こすものである。一九世紀には（今でも何人かの間では）、「自明の宿命」と称される共通の理念がアメリカ合衆国にはあった。それは、合衆国は自らの気風と制度とを世界に広める使命を背負った模範的社会であるという信念である。しかし、他の諸国家の視点からするならば、それは違法な拡張論に映ったことであるだろう。英国は「自明の宿命」に関しては語らなかったのではあるが、大英帝国は文明化する使命を有していると大抵の人々が信じていたと推定される。もっとも、植民地の人々にとっては、大英帝国は帝国主義的な支配勢力であると思われていたことだろう。

ハイデガーが運命や宿命に関して語る時、彼の胸中は如何様であったのだろうか。「遣わし」は何処から来るのだろうか。すでに我々は被投性という構想を承知している。現存在は自分自身を創造したのではなく、かつ、実存することを選択したのでもない。それ故、現存在が生へ遣わされ、同時に死へと遣わされていることにはある意味があるのである。遣わすものは全く匿名であるのだろうか。キリスト教徒であるならば、神が遣わすものであると解答するだろう。ハイデガーはかくのごとくには答えないのである。ハイデガーが『存在と時間』を執筆していた時、自分の論述から神を断固として締め出したのである。「神」というのか、あるいは曖昧な「運命」という表現のみを用いるのか、これは重大問題ではないだろうか。このことは、個人について語っている場合であるならば大した問題ではないのだろうが、大規模な集団の「宿命」に関して語ることになるならば、我々は危険な立場にいることになるのである。ドイツ民族の宿命とは国家社会主義において荒れ狂った理念の一つであった。かくのごときドイツ民族の宿命は、仮にキリスト教的に理解するならば、神が是認し得たものであろうはずがないのである。ハイデガーの哲学における何が彼を国家社会主義に共感させたのであろうか。誰かがかくのごとくに私に問うたとするならば、一九三〇年頃のドイツの状況において看取されるがごとき、ハイデガーの歴史と運命に関する発想である、と答えざるを得ない。しかし上述のごとく、これらの問題は目下のところ留保せざるを得ない(17)。何故ならば、不運にも、時間と歴史とに関するハイデガー自身の議論は不意に中断され、『存在と時間』は決して完成されることがなかったからである。

第四章　形而上学と神学

一九二九年はハイデガーにとって重要な年である。かつて『存在と時間』を献じた自分の良き指導者であるエドムント・フッサールが齢を重ね、フライブルク大学哲学講座の職を辞し、その後継者としてハイデガーがマールブルク大学から召還された年なのである。シュヴァルツヴァルトに帰郷できたことは、間違いなく彼にとって喜びであり、それ故、そこに終の住処を定めたのである。

この年が重要である理由は、フライブルクに帰郷したということだけではなく、この年に重要な諸著作を成しているからである。わけても、新たな職に就いた際になされた就任講義は最重要である。その題目は「形而上学とは何であるか」であり、極めて簡潔ではあるが、この就任講義は有意義である。何故ならば理由は二つあり、一つは、未完の『存在と時間』に由来する諸問題がそこに集約されているからであり、もう一つは、従前よりも直截に存在問題に相対することになる後の研究への方向性がそこに示唆されているからである。

講義そのものは逆説的であり、例によって例のごとくハイデガー的である。論じられる主題は形而上学的問題であるだろうと推測される。しかし、期待されていたこととは違って、論じられた形而上学的問題は存在問題ではなく、むしろ *Wie sthet es um das Nichts* ?という無の問題である！[1]翻訳するならば、次のごときになるだろう。「無はどうなっているのか（What about nothing ?)」、「無とはいかなることなのか（How is it with nothing ?)」、あるいは、「無の状態とは何か（What is the status of nothing ?)」。しかしいかに翻訳されるとしても、問題はかなり奇妙なままである。ハイデガー自身の言辞によるならば、「この問題は自らの対象を自ら奪っている」[2]。正に「無」という観念が我々に、無はかくかくである何らかのものである、と表現することを禁じているのである。しかし、このことによって、ここには問題がないということになるのだろうか。

無に関して問題が、すなわち形而上学的問題があると、ハイデガーは確信している。彼の主張によるならば、いかなる形而上学的問題も形而上学的諸問題の全範囲を含んでおり、なおかつそこには問題を立てる者さえもが含まれているのである。それ故、『存在と時間』で着手された探求がここでも継続されていることが看取される。無に関する問題は存在問題と分かつことができないが故に、存在が現存在にとって実存論的で知的な問題であるごとく、無に関する問題も正にかくのごとくなのである。

したがって、『存在と時間』と同様にこの場合においてもハイデガーは、気分という情緒的状態を介して開示される人間的状況の開示性に問題解決を要請し得るのである。彼が問題解決を要請する開示性は再び不安である。不安という気分において、我々は無との遭遇のごときものを経験するのである。「不安の内にあって我々は〈落ち着き無さ（ill at ease）〉を感じるという。〈落ち着き無さ〉を感じさせる〈それ〉とは何であるのか。〈それ〉が何であるのか、我々はいうことができない。……全てのものが、そして我々自身が無関心さに沈む。……我々には拠るべきものが何もない。存在者が退去することにおいて、唯一この〈拠りどころの無さ〉が我々に襲い掛かり留まる。不安は無を暴露する」(3)。ハイデガーはこの気分が稀であることを認めている。大概の人々が、この気分を経験したことは全くない、というだろう。この気分は、唯一ある特殊な感性を有する人たちが感受するがごとき神秘的経験であると推測される。しかしこれを理由に、この経験をただちに打ち捨てて顧みないことは容認されない。

ハイデガーは自分の真意のさらに十分な説明を試行する。「無は不安の内で自らを暴露するが、それはある存在者としてではない。対象が所与されるごときには、無は所与されないのである。……むしろ無は存在者と共に、存在者において、その全体の退去として自らを明らかに知らしめる(4)」。

それ故、無は単なる存在の根絶や存在の純粋な否定ではないと推考される。実際、無は現存在に属し、存在者が立ち現れてくる明るみ（clearing）のごときに思えてくる。この意味は、次の言辞が適切に表現しているだろう。「不安の無の明るい夜において、存在者としての存在者の根源的開示性が生じる。すなわち、存在者は存在者であり、そして無ではないということが生じる(訳6)」。しかし、別様の意味においては、無は存在者を超え出ており、それ故、新プラトン主義者の幾人かが称している超実体（*hyperousia*）のごときものである。それは次の文に読み取れる。「無の内に自らを置き入れ保つことで、現存在はいかなる場合においても存在者全体を超えている。この存在者を超えて存在していることは〈超越（*Transzendenz*）〉と称される(5)」。ハイデガーは「形而上学」という言葉がギリシア語の「自然学の後の書（*meta ta physika*）」から由来していることを想起させ、次のごとく述べている。「形而上学とは存在者の彼方へと、すなわち存在者を超えて（*meta*）探求することであり、その目的は存在者を概念把握する為に、存在者を存在者としてかつ全体として取戻すことである(6)」。

さらにハイデガーは形而上学の伝統的な命題を引き合いに出している。それは、無からは何ものも生じない（*ex nihilo nihil fit*）という命題である。彼はこの命題をキリスト教の教義である無からの創造と対比しているが、このキリスト教的見解を非難している。何故ならば、この教義は存在としての存在への問いを忌避し、唯一の存在者である神が自余の全存在者を創造すると教えるからである。この非難は後の研究において再見されるが、この批判によってハイデガーは遂には形而上学の拒絶、すなわち彼の言辞によるならば形而上学の「超克」へと導かれるのである。しかしこの就任講義における到達段階においては、いまだ彼は形而上学に対して熱心であり、形而上学は人間の自然本性に属するとさえ主張しているのである。彼の主張によるならば、学は唯一実在するもの、すなわち実在すると見做されるものにしか関心を寄せず、「尊大な身振りで無を振り払ってしまう」。しかし現存在の自然本性は存在者を超えゆくことにこそある。就任講義はライプニッツによって提示された有名な問題で締め括られている。「一体何故に存在者が在って、無が在るのではないのか」(7)。これは存在者があって、正に無はないということであり、これは摩訶不思議な不思議である。

この講義には幾らかの不明瞭な点がある。特に最後の段落は不明瞭である。ハイデガーもこのことに気付いていたに違いない。何故ならば、この講義の一四年後に「後記」を加筆し、「誤解」と「疑念」を払拭することを試行しているからである。例えば、（何人かが下記のごとく疑問を抱いた）、この講義はハイデガーの当初の思惟におけるニヒリズム的傾向を補強するものであるのだろうか、あるいは、この講義は我々を別の方向へと導いて行こうと試みているのだろうか。それ故、「後記」加筆六年後に、すなわち最初の就任講義の二〇年後に、さらにハイデガーは「序論」を加筆して、より明瞭にしようと試行している。下記で「後記」と「序論」を精査して、これらが最初の就任講義をいかに解釈しているのかを考察することにする。

就任講義の表題は「形而上学とは何であるか」であったが、今やハイデガーは形而上学を問う為には、形而上学を超えてゆくこと、さらに形而上学の「超克（*Überwindung*）」に従事することが必須であると指摘する。実際、講義は形而上学の特殊な問題「無とはいかなる事態か」を取り扱っている。この問題によって、ハイデガーが取り扱おうと希求した三つの見解の内の最初のものが形成される。「無」を形而上学の主導的なテーマであるとするならば、「全ては無であり、生きることも死ぬことも価値がない」という見解に導かれてしまわざるを得ないのではないだろうか。[8] 別言すれば、これはニヒリズムの極端な形態ではないだろうか。二番目の見解は、就任講義において不安に所与された位置に関するものである。ハイデガーによるならば、不安は現存在の状態を解明する際に中心的な役割を果たしている。しかし、不安は「臆病者や卑怯者の心的状態」ではないだろうか。三番目の見解は、就任講義は知の威信に対する挑戦であると見做すものである。何故ならば、論理学の立場からするならば、「無」は至当な研究テーマにはなり得えないと論断されるからである。それにも拘わらず、論理学が軽視され、感情やいうならば疑わしい無への実存論的な遭遇が好尚されるのである。したがって、就任講義は「反論理学」であらざるを得ないのである。

第一の見解に対するハイデガーの解答によるならば、「無」は存在する全てのものの単なる否定であるという見解を放棄しなければならないのである。むしろ「無（nothing）」は文字通り「存在するもの－で無いもの（no thing）」であり、それは決してここかしこに在るもう一つ別の存在者、すなわち世界を構成している様々な物に付加される物ではないのである。無は存在者とは全く別の秩序に属する。（後にハイデガーによって称されることになる「存在論的差異」という事態がここで言及されているのである）。ある箇所でハイデガーは、無は存在者に対する「端的な他者」であると語っている。「全存在者に対する端的な他者（*schlechthin Andere*）は存在するもの－で無いもの（*Nicht-Seiende*）である。しかし、この無は本質において存在を有する（*west als das Sein*）[9]」。この点において、ハイデガーはルードルフ・オットーに何かしら負うところがあるのではないだろうか、と推考してみることは興味深い。オットーはマールブルク時代のハイデガーの同僚の一人であり、議論を交わすことも幾度かあった。「端的な他者」という語句は、彼が「ヌミノース（numinous）」を説明するために用いたものである。それは、宗教的な深い瞬間に経験される超合理的な実在である。就任講演の「後記」後方の箇所における聖なるものに関するハイデガーの見解と、不安という気分の記述に際してハイデガーが「不気味な（*unheimlich*）」という言葉を用いることとを考察するならば、オットーとの関係はますますあり得ることであると推測される。[10]

不安の気分を賞揚する為、ハイデガーは、臆病で病的でさえある反応を過度に高く評価しているという不平があるが、これに関する彼の解答は意外なものではない。『存在と時間』で不安に関して論述された見解に留まっており、人間的状況に直面し、その状況が裸出する脅威を正視する為には勇気が必要とされる。もちろん「anxiety（不安）」はドイツ語の *Angst* の格別に良い翻訳ではない。「不安」は今日ではあまりにも臨床的な言葉であり、かなり精神医学を想起させてしまう。かつては Angst の翻訳として「dread（恐れ）」が適用されたのであるが、恐れは「fear（恐怖）」という類語と誤解されかねない。一方、ハイデガーは「後記」において、「不安」を「高き情緒」と称されることに関係付けるのに熱心であると推察される。ハイデガーによるならば、「不安を引受けることは、物事の内奥に〈然り〉ということであり、人間の真髄にまでも切迫するもっとも高き要求を満たすことである。存在の声に呼び掛けられた時、全存在者の中で唯一人間が、存在者が存、在するという摩訶不思議の不思議を経験するのである」[11]。ハイデガーのこの言説には宗教的な趣きがある。不安の近くには畏れ（*Scheu*）が住んでいる。それは、ヌミノースの現前において人間的存在者が経験する情緒である。謎めいた文を引用しておこう。「畏れは人間の所在を明けると共に取り囲み、その所在の内部で人間は存続するものの内に親しく住み続けるのである」[12]。

就任講義においてハイデガーは論理学に反対しているという異議について今度は考えてみよう。無論、論理学は根拠を持って思考する為の規則を与えるものである。しかしハイデガーの指摘によるならば、数多の思考があるのであるから、それに応じて論理学も複数あるのである。これが耳朶に触れる時、後期ウィトゲンシュタインの影響を受けた英国の哲学者たちの頻繁に用いる標語が喚起される。「いかなる言語も自らの論理学を有する」。「論理学」について語る時、通常において想起するのは、学者たちの思考に適用され得る論理学のことである。しかし、ハイデガーはこの思考を「計算的」思考と称する。私はハイデガーが学者たちを正当に評価していたとは思えない。けれども、少なくとも、思考はすべて同じ形式に従っているのではない、というのは事実だろう。時流と共に、ハイデガーは自分自身を哲学者よりも、思索者と称することを愛好するようになる。換言するならば、哲学的思考は科学者の思考に比べてむしろ詩人の思索に多くの共通点を有していると、ハイデガーは確信するようになったのである。何故ならば、科学者や哲学者と同様に、詩人は真理を語ること、すなわち存在を暴露することに関心を抱いていると、彼は固く信じていたからである。「後記」におけるもう一つの謎めいた文を引用しておこう。「思索者は存在をいい、詩人は聖を命名する」[13]。

ハイデガーの著作のこの箇所において、一層直截に宗教的意味合いを持つ文言が語られている。彼は、人間の存在に対する関係における感謝と犠牲について言及している。英語でもドイツ語でも、「思惟する（thinking, denken）」という言葉は「感謝する（thanking, danken）」という言葉に相当類似している。ハイデガーはこの言葉上の関係をいつものように援用する。存在の思惟は、すなわち感謝することである。彼の言辞によるならば、「原初的な感謝とは、その中で自らの為の場を明け、存在者が存在するという唯一的な出来事を性起せしめる存在の恵みに対する反響である」。犠牲に関する彼の主張によるならば、「犠牲においては、存在によって人間の本質に所与された恵みを唯一的に尊重する隠れたる感謝が現出する」。犠牲とはいかなる計算に対しても対峙を成すものであることを、ハイデガーは我々に識別させる。彼は犠牲の定義のごときものを提示するが、それは本質において宗教的意味合いに肉薄していると、私には思われる。「犠牲とは存在の恵みを保持する過程で全ての存在者に別れを告げることである[14]」。もっとも、別れを告げるという言葉は、神秘主義者マイスター・エックハルトをただちに想起させるものである。

しかし、フライブルク大学就任講義がなされた一四年後にようやくこの「後記」が書かれたのであり、その間にハイデガーの思索は相当変化しており、この点を念頭に置いておく必要がある。さらに一九四九年に公刊された「序論」をひもとくならば、その変化は一層顕著である。今や明らかにハイデガーは形而上学に失望し、形而上学の「超克」を希求しているのである。

彼は「序論」をデカルトの引用から始めている。「このように哲学全体は木のようなものである。その根は形而上学であり、その幹は自然学であり、幹から生え出る枝は他の諸学問である[15]」。ハイデガーは形而上学の彼方へ移り行くこと、すなわち形而上学の超克を企画するが、それはさらなる次の問い掛けとなるのである。木の根を支えている土壌とは何であるのか。根が栄養と強さとを受容する基盤とは何であるのか。

基盤は存在であり、存在への探求は形而上学さえも超える一層根源的な探求なのである。このことは、存在と存在者との存在論的差異が前面に押し出てくる後の著作において、一層明らかである。しかしながら、すでに就任講義やそれへの捕足において、優位は現存在から存在へと大きく移動している。現存在が存在の概念を案出するのではなく、むしろ存在が現存在において思惟するのである。しかしこの点はあまり強く強調されるべきではないだろう。存在と存在者とは共属しているがごとくに推考される。ウィリアム・J・リチャードソン神父は看過しがちな重要な点に注意を向けている。「後記」では、「存在は存在者なしに存在するかもしれないが、存在者は存在なしに存在することは決してないだろう[16]」といわれている。これによって、存在がある仕方で存在者から自立していることが示唆されている。それは、聖トマスが教示しているごとく、神が自らにおいて被造物から完全に分離されている仕方に類比的である。しかし、リチャードソンは、「後記」が一九四九年に「序論」と一緒に復刻された時、存在と存在者との非対照的な関係に関する叙述が断りもなしに下記のごとくに転倒されていることに注意を喚起している。すなわち、正に存在者が存在を必要とするように、存在は存在者を必要とする、と。[17]

既述のごとく、ハイデガーは就任講義「形而上学とは何であるか」をライプニッツの問題を引用することで締め括っている。「一体何故に存在者が在って、無が在るのではないのか」。この同じ問題が、彼の著書『形而上学入門』の端緒となっている。それ故、『形而上学入門』が「形而上学とは何であるか」に連なるものであると看取することは理に適っているだろう。著書『形而上学入門』は一九三五年にフライブルクで行われた一連の講義に基付いており、それが修正され拡大されて、一九五三年にようやく出版されたものである。

この著作においてハイデガーは再び存在の問題を導入している。彼の主張によるならば、存在問題は全ての問題の中で最も基本的なものであり、ハイデガーの信念によるならば、この問題は様々な形式を持つことができるのだろうが、おそらく言葉にならない程の驚愕となって、彼や彼女の人生において少なくとも一度は彼や彼女を捕縛する問題なのである。この本の最初において、ハイデガーは、存在問題がいかに神学と関わっているのか、と問いを立てている。ハイデガーの信念によるならば、仮に聖書を神の啓示であると信じている人ならば、存在問題への解答は既知のことであるのだから、誰もこの問題を立てることはないと推察される。その既知の解答とは、無が在るのではなくむしろ存在者が在る理由は、神が最高の存在者であり、他の存在者を創造したからであるというものである。神自身は創造されたのではなく、神は自存する存在者である。しかれども、存在としての存在への問いは神学において全く立てられることがないのである。創造に関する伝統的教義は決して存在者を超え出ることがないのである。存在者の中で最高と承認される一つの存在者が他の存在者を創造したのである。これを信仰箇条とする信徒にとって、哲学は、聖パウロのいうごとく、愚かなことなのである（コリントの信徒への手紙一、第一章二〇節）。同様に、哲学者にとってキリスト教の信仰は愚かなことに見えるだろう。

実は、ハイデガーは神学にある純粋な役割を認めている。しかし、それは哲学とは何ら関係のないものである。彼の言辞によるならば、「キリスト教的経験の世界、すなわち信仰の世界への詳細な思索と探求があり、それが神学である」。加筆するに、「神学の営みの真なる偉大さをもはや信じなくなった時代だけが、哲学の助力によって刷新された神学が時代の必要と風潮とを満たすだろうという破壊的観念に辿り着くのである」[18]。この言辞によって、一九二〇年代当初にマールブルクのプロテスタント系の神学者たちの間に看取された神学への理解を、ハイデガーは一九三五年においてもいまだに保持していたことが、さもなければ、おそらくその理解へと帰着していることが推量される。一九二〇年代当初は、ブルトマン、ティリッヒ、わけてもカール・バルトによって新たな神学が引き起こされた時代であった。その神学は明らかに自然神学を拒絶し、断固として哲学との距離を保ち、自らを信仰の解釈学に制限しようとするものである。かくのごとき神学にとって、当時の風潮と同様に、存在問題や存在論的差異は、実にこの世の愚かさに思えたことであろう。

しかし、ハイデガーは神学の多様性や、神学は不動のものではないという事実を見損なっている。彼が知っている神学は存在者の次元から脱出できずにいたが、全ての神学が存在者の次元にある訳ではない。例えば、ハイデガーがマールブルクで見知っていたティリッヒは、ハイデガーが存在の存在者への関係を想定したのと多分に同じ術語を用いて、神の被造物への関係を最終的に理解するようになった。ティリッヒによるならば、神は存在者ではなく、さらに最高の存在者でもなく、存在そのものである。かくのごとくいったのは、ティリッヒが初めてではないのである。少なくとも偽ディオニシウス・アレオパギタの時代以来、神に関するかくのごとき教義を教えていた幾人かの神学者たちがいたのである。偽ディオニシウス・アレオパギタは神を超実体、すなわち「存在者を超えるもの」と見做していたのである。さらには聖書的一神論の伝統の近間に立つ著述家たちは、聖トマスも含めて、神に言及する際に「存在者（*ens*）」という術語を用いるが、この存在者は全ての内世界的存在者（*entia*）に付加されるもう一つ別の存在者ではなく、有限的存在者に対する「端的な他者」とさえ見做される全く唯一の実在性であり、それを術語 *ens* は表明する資格があると、彼らは考えていたのである。

ハイデガーは全神学を総括して「存在－神－論（Onto-theo-logie）」という言葉で表現する。[19] しかし、彼は何が神学と認められるのかを決定し得ないでいる。神学に対する初期の関心にも拘わらず、ハイデガーは次のごとく書かざるを得ないと感じる時点に至ったのである。「キリスト教的信仰の神学であれ、哲学の神学であれ、神学を自分自身の根底から経験している人は、思惟の領域で神に関して語ろうとするならば、むしろ今日では神に関しては沈黙し続けるだろう」[20]。これは全く理に適った採るべき態度であるが、かくのごとき態度を採るのであるならば、神学に関して総括的に語る権限はその人にはないのである。既述のごとく、科学者もまたハイデガーによって多少浅薄に論じられていると、私は考えている。神学者や科学者の思考に関して当然考量されて良いことがほとんど考量されていないことのさらなる証拠を後述することにする。

ハイデガーは当初においてカトリック的思考に熱心であったが、それから離れて、神学に対して奇妙で曖昧な態度を採るようになったと、このことだけはいい得る。この態度を称するならば、正に「愛憎」半ばの関係である。彼は明らかに神学的問題に没頭し、それらに関して頻繁に言及している。しかし他方で彼は、いかなる神学的関係をも回避することを要請する哲学者あるいは思索者であることが自分の天職であると見做していた。これが彼の人生の大半を占めていた立場なのである。『存在と時間』が出版された一九二七年に彼は「現象学と神学」という講演を行った。当時彼が描いた方針は、彼が固執し続けたものである。その方針の主な点は三つである。（1）神学は信仰に基付き、信仰の解釈学に関わる。次に、（2）信仰は存在者の歴史的様態である。したがって、（3）神学は徹頭徹尾歴史科学である。かくのごときものとして、（4）神学は実証科学に属する。いうならば、神学は人間的経験の特殊領域（キリスト教的啓示）を対象とし、それ故、哲学において一般化される領域を取り扱うのではない。特に、哲学が存在としての存在の意味を探求することとして理解されるならば、なおのこと神学の領域は哲学の領域とはことなるのである。

しかしながら、当初のハイデガーの講演「現象学と神学」は約四〇年もの間出版されなかった。しかし、この四〇年間にハイデガーの思惟は如何様にも変化し得たはずであるのだが、考察するに、この講演が表現している冷淡な態度は少しも変わっていないのである。ハイデガーを神学者たちの仲間に登録することに熱心な人たちでさえ、ハイデガーがいかなる神学的接触であろうと、神学との接触をこころよく思っていないのを明瞭に承知している。既述のごとく、ガーダマーはハイデガーを世俗の広報者ではなくキリスト教の広報者であると見做していたのだが、ガーダマーも次のごとくに不思議がっているのが看取される。自分がハイデガーと同様に神学的問題に深く揺り動かされてきたのであると思念している人物が、何故に自ら神学者にはならずに、慎重に神学から距離を置こうと努めるだろうか。ガーダマーの言辞によるならば「何故なら、彼は思索者であったから、それ故、彼の中で働いていたのは思惟であるからである。彼は神に関して語る権能がないと感じていたが、しかし、諸科学が自分たちの対象を語るごとくに神に関して語ってはならないのである故に、神に関して語るには何かが必要とされるのではないだろうか、この問いがハイデガーを駆り立て、彼に思惟の道を示すことになったのである」[21]。おそらくこれは全く真実かもしれないのであるが、そこには、神学と思惟とは全く別な企てであるということが含意されていると推察されるのである。

しかし今や、ハイデガーの『形而上学入門』へと立ち戻らなければならない。何故ならば、ハイデガーが存在問題をいかなる神学的で形而上学的な創造の教義からも区別している箇所のみをこれまで検討してきたからである。実はこの著書の残部の大半は他の様々な著作でハイデガーが論じたことの反復や説明から成っているのである。取り上げられ得るのは、この著書の中で大変印象的な文章の幾つかだけである。

その中でも強烈に印象的であるのは、ソフォクレスの劇『アンティゴネー』におけるコーラスに関するハイデガーの解釈であるだろう。コーラスは次のごとく始まる。

不気味なものはいろいろとあるが、
しかし人間以上に不気味なものはない。

ここで私が翻訳した「不気味な（strange）」は *deinos* であり、それは大変激しい言葉であり、畏怖や恐れを含意しているのである。文章全体は容易にハイデガー的な解釈に持っていける。人間すなわち現存在は、全てのものの中で最も不気味なものであるが、現存在が生きている世界は不気味なものに満ち溢れているのである。予想通り、ハイデガーは *deinos* を *unheimlich*（不気味な）と同等であると見做す。すでに指摘したごとく、ヌミノースという語も *deinos* の訳語として不適切ではないだろう。ソフォクレスの描写によるならば、人間族は自然を克服し、大地を従えようと苦闘するが、その危険な試みの帰するところは死であり、そこで終焉を迎えるのである。ハイデガーはこの苦闘が進化論的仕方で解釈されないようにと骨を折る。真理は開被あるいは暴露の瞬間であるとハイデガーは考えるが、この考えとの繋がりでいうならば、偉大な瞬間が始まりなのである。コーラスは「残忍な狩人や未開な船乗りから文明化された都市の建築者へと人間が発展する物語を謳っているのではない。かくのごとき発展的思想は誤った思考形態であり、それを支えている基本的な誤りはある信念に基づいているのである。その信念とは、歴史は未開なものと後進的なもの、弱いものと無力なものから始まるというものである。かくのごとき信念の全く反対こそが真実なのである。始まりは最も無気味で、最も力強いものである。後にくるものは進歩ではなく平板化であり、それは単なる流布から生じる。始まりを保持することは不可能である」[22]。

ハイデガーのソフォクレスからの引用との関連で、少なくとも三つのことが注目される。まず一つ目は、すでに我々の注目を引いている点であり、それは次のごとき見解である。人間は人間になるのであり、本来的な人間性を摑み取るのであり、しかもそれは長く段階的な過程を通してではなく、ある抗い難い瞬視から、存在が突然人間に現出し、そして漸次に消え去る存在の暴露から成される、という見解である。二つ目は、キリスト教的啓示はかくのごとき瞬視の一つであったし、それが神学的研究の固有の主題であることをハイデガーは容認するだろうが、それでも彼自身は古代ギリシアにおける決定的瞬視を期待しているように推考される点である。それ故、ハイデガーが宗教的意味を有するがごとき陳述をしているとしても、ただちに、その陳述をキリスト教的に解釈してはならないのである。何故なら、『形而上学入門』を学修して明瞭になったごとく、ハイデガーは聖書よりもソフォクレス、パルメニデス、ヘラクレイトスから着想を得ていると推考されるからである。三つ目は、ソフォクレスを引用することでハイデガーの信念が例示されているという点である。それは、存在の意味への探求において思索者を最も援助し得るのは科学者や神学者ではなく、むしろ詩人であるという信念なのである。

今検討中の『形而上学入門』において、さらに別のことが主題となっている。それらは、存在と生成、存在と現象、存在と思惟、存在と「当為」である。これらの関連の最初の三つは、パルメニデスとヘラクレイトスの見解を調停するハイデガーの試みとの関連で、すでに我々は検討している。[23]四つ目の主題である存在と「当為」、すなわち存在と義務は、かなり拝聴してみたい主題である。何故ならば、ハイデガー哲学における倫理学的次元が期待できそうだからである。しかし、彼がその為に割いたのはわずか数頁であり、十分なことが述べられているとは思われない。もっとも、彼の教えによるならば「存在を忘却し、唯一存在者を育むこと――これがニヒリズムなのである[24]」。

ハイデガーの哲学的活動におけるこの時期に由来する別の著作がある。それは一九二九年以降に彼が案出した新たな見解を総括しているごときものに、私には見受けられる。その著作は極端に短いもの（わずか五〇頁）であり、ドイツ語では『ヒューマニズムについて（*Über den Humanismus*）』、英語では通常『ヒューマニズムに関する書簡（*A Letter on Humanism*）』となっている。その初版は一九四七年付となっており、元来はフランスの哲学者ジャン・ボーフレ宛の書簡であったものである。これは、サルトルの「実存主義」からハイデガーが自らの思考を決定的に乖離させるものとして重要である。表題の中にあるヒューマニズムという語は、サルトルの『実存主義はヒューマニズムである』に対する当て擦りであると憶測される。

書簡の最初の方で、ハイデガーがギリシア人の独創性を賞賛しているのが明確に看取される。フランスの友人たちは、ヒューマニズムに将来的な力があるのだろうかと、ハイデガーに問い質している。しかしながら、「ヒューマニズム」というごとき諸語は必要であるのだろうか。「かくのごときに命名された諸語は、根源的な思惟が終焉を迎えてしまった時にのみ、ようやく歴史的に活躍し出すものなのである。ギリシア人が偉大であった時代に、彼らはかくのごとき表現なしに思惟していた。彼らはその思惟を〈哲学〉とさえ称していなかったのである[25]」。

推量するに、ハイデガーは、パルメニデスの言葉を念頭において「思惟とは存在の思惟である」と述べているのである。「この属格は二つのことをいっている。思惟が存在から由来して、存在に属する限りで、思惟は存在の思惟である。同時に、思惟が存在に属し、存在に聴従する限りで、思惟は存在の思惟である[26]」。これは存在者と現存在に対する存在の優位を示唆しているのであり、このことは下記の言辞で明らかである。存在そのものが「思惟を統べ、そうして人間性の本質を統べるのであり、それは人間性の本質が存在に関わる関係を統べていることを意味する[27]」。ここでハイデガーが言及していることは、いうならば、主観性の形而上学への攻撃であり、それ故、人間の心が万物の尺度であるという信念への攻撃なのである。主観主義のいかなる暗示からも抜け出る為に、この書簡的小論において、ハイデガーは「実存」よりも「脱-存」と記述し、この表記によって「存在の真理の内へと立ち居出ていること」を表していると強調する。ハイデガーはこの観点をサルトルの見解と対比する。サルトルは「存在の真理を忘却している形而上学に留まっている[28]」のである。

サルトルは『存在と時間』のある文章を誤読していると、ハイデガーが主張する時、二人の衝突は決定的となる。その文章はかくのごときである。「現存在が存在する限りにおいてのみ、（すなわち存在了解が存在的に可能である限りにおいてのみ）、存在は〈存在する〉のである[29]」。一見、これは人間の主観性の究極形態であり、人間の思惟が「存在」を自らの創造物として創造するというサルトルの信念を確証しているかのごとくに看取される。「我々は、唯一人間だけが存在する、そのような地平にいる[30]」とサルトルは述べている。しかしハイデガーは、「存在する」を括弧〈 〉に挿入することで、それに留意を促そうとしているのであると指摘する。「存在する」は、ドイツ語の表現では *es gibt* であり、字義的には「それは存在を与える」であるが、大抵の場合「存在する」との弱い意味で慣例的に用いられる。仮に字義的に「それは与える」と受け取るのであるならば、誰が、あるいは何が存在を与えるのかと、我々は問い得る。この問いに対して、存在が自らを与える、というのが解答である。「ここで与えるところの〈それ〉とは存在そのものである。〈与える〉とは存在の本質をいうのであり、存在の本質は自らの真理を与える、すなわち許し与えることなのである。空けたる領域とともに、その空けの内へと自己所与するのが存在そのものである[31]」。そこで、ハイデガーは先のサルトルの文章を「我々は、原則的に存在が与えられている、そのような地平にいる[訳7]」と読むべきであると教示するのである。かくして我々は何処へと連れて行かれるのだろうか。

ハイデガーは明らかにサルトルの無神論から自分を引き離そうとしている。また、仮にヒューマニズムとは人間がこの世界に独力で存在していることを意味しているのであるならば、ハイデガーはこのヒューマニズムからも離反しようとしているのである。もっとも、彼は人間と人間の人格を尊重する意味でのヒューマニズムを拒絶してはいない。しかし、この箇所で、存在が自己贈与として叙述され、さらにこの小論の他の箇所で、存在が伝統的に神に賦与されていた諸特性と一致すると論述されながらも、ハイデガーは、存在は神と同じではなく、自分の哲学は有神論でも無神論でもないと断言している。これが何を意味しているのか、後で考察する必要があるだろう。しかし現下において二つの点が確認されたと推考される。一つは、存在は人間すなわち現存在の産物ではないことであり、もう一つは、「人間は存在者の主人ではなく、存在の牧人である」(32)ということである。

『存在と時間』を執筆していた時、ハイデガーは本当に上記のごとく物事を理解していたのだろうか。あるいは、彼が上記のごとき解釈に至ったのは、サルトルに挑戦されたが故に、より深く物事を考察することになった、二〇年後のことに過ぎなかったのであろうか。この問題に対する解答は知り得ないのであるが、彼の指摘によるならば、『存在と時間』に戻れば、存在は「絶対的超越者」であると断言されているのをそこに見出すだろう。しかしながら、この表現が何を意味するのかは全く明らかではないのである。仮に有神論とは人格神を要求することであると定義されるならば、おそらく超越者は有神論的とは見做され得ない。何故ならば、超越者は非人格的なもの、あるいは超人格的なものと見做されているからである。しかし、少なくとも有神論的問題は未解決のまま残されているのである。

ハイデガーは『ヒューマニズムに関する書簡』において自らの別の著作である『根拠の本質について』から下記の一文を引用している。「現存在を世界内存在として存在論的に解釈することによって、神に向かう可能的存在に関しては、肯定的にも否定的にも、何も決定されていない。したがって、現状は下記のごときである。超越を解明することにより、現存在の適切な概念にようやく到達し、それとの観点からようやく現存在の神に対する関係が存在論的にいかなる秩序立てとなっているのかが問われ得るのである[訳8]」。続く『書簡』における段落では、神の探求における一連の段階が提示されている。「存在の真理からのみ聖なるものの本質が考察され、聖なるものの本質からのみ神性の本質が考察される。神性の本質の光の内でのみ、〈神〉という言葉が何を意味し得るのかが考察され、言明され得るのである[訳9]」。この点において、ハイデガーは、結局、哲学と神学との共通の基盤があることを容認していると推考される。

人間が世界の主人であること、万物の尺度であることをハイデガーは拒否し、その結果、人間を自らに適した大きさに縮小しているが、私はこの点に特別の重きを置きたい。同様に、存在そのものの本質が自己贈与であるとの主張も重要視したい。何故ならば、両方ともがキリスト教にかなり一致しているように思われるからである。

『ヒューマニズムに関する書簡』の終わりの方で、ハイデガーは、私が本書第一章で示唆したヘラクレイトスの言葉に関して注釈を施している。その言葉によるならば、ある見知らぬ人たちがかの哲学者を訪ねてきて、彼の住居のみすぼらしさに驚き、中に入ってみると、暖の側で彼が震えているので、さらに驚いてしまった。かの哲学者は彼らを招き入れ、「ここにさえ神々はおわします」と語った。ハイデガーの注釈によるならば、「訪問者の一団はこの思索者に執拗な好奇心を抱いているが、彼の住居を一瞥して困惑し失望する。普通に繰り返される生活とは違って、至るところに例外や珍しいもの、それで興奮させるもの等、かくのごとき趣きのある状況にかの思索者が居るのに出くわすだろうと、彼らは信じていたのである。かの思索者を訪問して、少なくともしばらくは歓談し得る話題を提供するものが見出されるだろうと、彼らは望んでいたのである。かの思索者が沈思黙想して思惟している正にその時に、彼におそらく会えるのではと、彼らは期待していたのである。彼らは思惟に圧倒されることを望んでいるのではなく、誰もが思索者であると称しているその人物を自分たちが見て、彼のいうことを聞いたと、ただ吹聴したいだけなのである。それにも拘わらず、見物人たちが見たのは、暖の側に居るヘラクレイトスである。それは確かに平凡なつまらないものであるが、パンが焼けるには、本当に十分なものである。それにも拘わらず、ヘラクレイトスはパンさえも焼いていない。そこで暖を取っているだけである。このあまりにも日常的な場所に、彼は自分の生活のみすぼらしさの全てを曝け出している。しかし、ここにも神々がおわしますのである(33)」。上記のヘラクレイトスの姿と、十字架上で死に赴き、正に神の命を捧げたかの人の姿との間に、何かしらの類似が看取されるのではないだろうか。

第五章　物と技術と芸術

　この章と、それに続く次の章における私の意図は、上述のハイデガーの思考に関する報告を補完することにある。補完は、我々の注目にはまだ至っていなかったこと、あるいは、手短に論及されたに過ぎなかったこと、あるいは、初期の諸著作においてその発想が看取されること等、様々な主題を取り扱うことで為される。既述のごとく、就任講義「形而上学とは何であるか」から始まって、それに付加された捕足は、一見無神論的で狭義的な人間主義的な信念、すなわちプロメテウス的でさえある信念から離反しているのである。かくのごとき信念を『存在と時間』に読み込む解釈者たちも幾人か存在する。特にサルトルはかくのごとき解釈者である。一九四七年に属する『ヒューマニズムに関する書簡』に至る頃には、我々は全く別世界にいるように思えてしまう。もっとも、ハイデガーは自分の思索において生じた「帰向（*Kehre*）」の広がりを過小評価する傾向があり、なおかつ、その新しい発想や、一見新しいと思われる発想を初期の諸著作にすでに含意されていたことの発展であると解釈するのである。しかし、至当にも、ハイデガー自身さえもが、自分が最初に辿って行こうとした道が途絶えてしまったことを素直に認めている。道の途絶というこの事実は、『存在と時間』が未完成のままであることによって十分に証明されているのである。

検討すべき最初の主題は、「物とは何であるのか」という問いに対するハイデガーの解答である。この問題に対して答えようとしていた彼の仕方は、一九五〇年代では、一九二七年の『存在と時間』[1]においてにいわれていたことと決定的に違っていた。ハイデガーはいまだに、物は第一に我々の観察に対して「手前に存在する」質料的な対象ではない、と主張する。物を対象的に観ることは、物とのかなり親密な関係に由来する派生的なものである。西洋思想では、世界は我々に対して措定された諸物の集合体であると見做す傾向がある。そして、現存在自身が別のものであると実際に見做されることはなく、むしろ「手前に存在する」もう一つの存在者であると見做される傾向がある。しかしながら、現存在は世界における他の事物ではなく、ましてや「人格（person）」という語で指名される何か特殊な事物でもない。確かに現存在は「世界内存在」であり、無世界的な現存在など存在しないが、現存在の世界内存在は物に属する「内世界的（*innerweltlich*）」存在とは全く異なるのである。現存在は世界を超越し、世界に世界としての統一性を賦与する。何故ならば、現存在は世界が見られ了解される視点だからである。世界の内に含まれている数多の物は世界の脈絡の内で見られ了解され、世界の内で諸物はそれぞれに繋がり、現存在に繋がっているのである。[2]

これらの諸物は現存在によって手前に存在するもの、あるいは周囲に横たわっているものとして見られるだけではなく、関心を抱いて世界と関わっている現存在によって使用可能なものとして手許に存在するものとしても看取される。何故ならば、現存在の世界内存在は観察者のそれではなく、世界の内に「住んでいる」者の世界内存在であり、世界の内に生きることを刻み込む必要のある者の世界内存在だからである。かくのごとく世界の諸物は現存在にとって生きるための道具（*Zeug*）となるのである。ハイデガーが我々に想起させるごとく、[3]「物」に対するギリシア語は *pragma* であり、それは我々が praxeis すなわち「諸活動」において用いるものである。現存在にとって世界の諸物は、現存在の役に立つ諸道具の緊密に編みこまれた体系に、ますますなってきている。このことは人工物だけにではなく、自然物にさえも該当することである。何故ならば、自然物さえもが道具的体系の内へと編入されているからである。例えば、今日では、原野でさえ「国立公園」として選定され、いうならばレクリエーションの為の道具となっている。かくのごとくにして、ますます世界は人間の事業計画の対象となるのである。

ハイデガーが自説を例証する為に用いる物の例はハンマーである。仮に「ハンマーとは何か」と問われた場合を想定してみよう。この問題には、ハンマーを世界の内の数多の物から孤立させ単なる一つの対象として客観的に記述することでは解答したことにはならないのである。もっとも、かくのごときに記述することは可能ではある。例えば、そのハンマーの頭部は鉄であり、柄はしかじかの木製である等と記述可能であるが、しかしかくのごとき記述によってハンマーが理解され始めたことにはならないのである。唯一我々がハンマーについて理解するのは、誰かがハンマーを用いているのを見る時である。その時我々は釘や木材に対するハンマーの関係を、なおかつ建築職人や家具職人の諸活動に対するハンマーの関係を理解するのである。別言するならば、我々はハンマーを世界の脈絡の中で理解するのである。世界はすでにハンマーに含まれている。何故ならば、現存在と同様に、世界はもう一つの別の物ではなく、我々が諸物をその存在において、すなわち諸物の目的において見ることを可能にするアプリオリな概念だからである。我々はハンマーを打ち付ける為の道具の一つとして、自動車を移動の為の道具の一つとして見るのである。

さて、世界を全体的に見るこの見方はまさに功利主義的であり、現実主義的であると判じられるかもしれない。実際、この判断は妥当である。何故ならば、『存在と時間』における世界分析の章において、ハイデガーは世界分析を「日常的」実存に制限し、世界は仕事場であるとさえ論断しているからである。[4] しかし、この見方は世界に対する一層充実した、豊かな世界理解に開かれたままであり、実際かくのごとき世界理解にハイデガーは到達するのであるが、それが明確な言葉となって表現されたのはおよそ二〇年の歳月が流れた後のことである。

その新たな理解は一九五〇年の『物[5]（*Das Ding*）』という小論に現れる。もっとも、既述のごとく『野の道』という小さな断章の内に、その新たな理解への予備的な暗示がある。『野の道』は一九四九年に成ったもので、本書第一章ですでに検討しておいた。[6]『野の道』における世界理解は

『存在と時間』で論及された世界に対する多少運用的な態度から乖離して、『ヒューマニズムに関する書簡』における「人間は存在者の主人ではなく、存在の牧人である」[7]という主張に一層適合するものである。

この新しい見解を表現するのにハイデガーが用いた術語は「四重性（fourfold）」すなわち「四元性（quadrate）」（*das Geviert*）[8]である。物は単に一つの対象以上のものであるだけではなく、地球を制御下に置く為の人間的設備における産物や品目以上のものである。物は今やそれ自身で美や威厳を持つ可能性があると見做されるのである。この「四重性」すなわち「四元性」とは一体何であるのか。それが意味しているのは、いかなる物も四重的に言及し得るということ、あるいは、いかなる物も存在の四つの次元を有し、その四次元がその物の意味を共に構成しているということである。四つの次元とは、大地と空、死すべきものと神々、である。これらの言葉が耳朶に触れると、ただちに我々は、ハイデガーが哲学から神話や詩の領域に横滑りしてしまったのではないだろうかと訝しく思ってしまう。おそらく彼はその領域に横滑りしているのであるが、彼にとってこの横滑りは、しかして苦にはならないと推考される。何故ならば『存在と時間』においてさえ、その実存論的分析のただなかで関心に関する古典的神話を導入しているからであり、また、その神話を導入する理由は、この神話が現象学的分析の帰結を先取りしている現存在の前‐学問的な了解を我々に表現しているからである。同様に、経歴の当初からハイデガーは、詩が単に感情に訴えかける非‐認識的な発話であるのでは決してなく、むしろ真理への道、さらには最深においては真理なのであるということを容認していた。したがって、この思索者は、自分が科学者との間ではなく、むしろ詩人との間により多くの共通点を有していると自認していたのであろう。

　ハイデガーは物の本性に関する自分の当初の理解を例証する為にハンマーを例に用いていたごとく、この度は、四重性が何を意味しているのかを説明する為にワイン瓶、すなわちワイン差しを例に挙げている。ワイン瓶は大地に言及する。何故ならば、その瓶が作られている材料であるある種の粘土は大地から得られたものだからである。その瓶は空に言及する。空から日差しと雨とが降り注ぎ、ワイン製造に用いられるまで葡萄を育み熟させる。そこには人間への言及もある。その瓶は熟練した職人や芸術家の作品であり、陶芸家はそれにワイン瓶という形を与える。では、神々に関しては如何様であるのか。ワイン瓶は御神酒を注ぐ為に用いられるかもしれない。ハンマーの存在を暴露するのが打ち付けるという行為であったのと同様に、その瓶が何であるかを理解する為に必要なことは、ワインを注ぐという行為なのである。

　四重性を瓶に適合させる為に、あるいは、おそらく瓶を四重的図式に適合させる為に、ハイデガーはいささか事態を拡大解釈せざるを得ないのではないかと、人々が感じるのも確かに容認される。ワイン瓶を在りのままに――おそらくその意味するところは瓶をその統一性において――我々に提示するのは注ぐという行為なのである。何故ならば、ハイデガーの教示によるならば、瓶の四つの観点全てが互いに共属しており、各々が自余を含んでいるからである。しかし、我々はこの「四重性」に関する一層明晰な理解に到達し得るだろうか。

四重性に関するハイデガーの言辞は、厳密な哲学であるというよりはむしろ詩的であると思われると私は先述したのであるが、ハイデガーによるかくのごとき図式使用は見紛うことなく我々にアリストテレスの四原因説を想起させる。(9) アリストテレスに従うならば、全ての物は質料因を有する。ブロンズ像であるならば、その立像がそれによって作製されるブロンズが質料因であると、アリストテレスは例証している。ブロンズはハイデガーが例証しているワイン瓶の粘土に対応していると看取し得るのである。次にアリストテレスに従うならば、形相因がある。仮にその立像がアポロンの立像であるとするならば、芸術家がアポロン神の姿であると思い描く形へとブロンズが鋳造されるのである。これがハイデガーの図式における空と如何様に対応し得るのであるのかを理解するのはかなり容易なことではない。三番目に、この立像を作製した活動、すなわち芸術家とその助手たちの仕事がくる。この三番目のアリストテレス的原因は大抵の場合「作用的（efficient）」原因と称されているが、ハイデガー自身は、アリストテレスの原因論に関して簡潔に検討した上で、アリストテレスが「作用的」と翻訳されるようないかなる形容詞も用いていないと論断している。ギリシア人が人間を「原因（cause）」であると考えることは当然なことであるかもしれないが、かくのごとき語法は英語においては大変奇妙なことに思われるだろう。我々が cause と翻訳したギリシア語である *aitia* は英語とはかなり異なった意味領域を有している。*aitia* はかなり人間的であり、責任という観念と強く結びついているが、英語の cause は大抵の場合非人間的な因果関係に関して用いられるのである。仮に人間を「原因（cause）」と記述するとするならば、それはやや不謹慎であると思われるのが普通である。同様に、ハイデガーもまた神を「第一原因（first cause）」であると論述することは神に対して不謹慎であると確かに主張している。しかしながら、物の有する死すべき人間的側面に関するハイデガーの認識と、アリストテレスの第三番目の原因に相当する作用因とには広範囲な対応を認めることができるのである。ハイデガーの四重性の四番目の項目は神々であるが、またしても、神々をアリストテレスの目的因に関係付けるのはかなり困難である。あるものはあるものやある人の「為に」なされたり、作られたりする。仮にワイン瓶の存在がワインを注ぐということにおいてだけではなく、御神酒を注ぐ為にという特別なことにおいて暴露されるのであるならば、その時はハイデガーにおけるがごとくに、そのワイン瓶という人工物の目的（*telos*）は神々への賛美であるといい得るだろう。この神々への賛美を今度は「形而上学とは何であるか」の後記[10]におけるハイデガーの犠牲に関する陳述と関連させるのは適正なことであるだろう。

もちろん、この段階において別の問題が生じるかもしれない。例えば、ハイデガーは「神々」ということで何を意味しているのであろうか。おそらく彼がこの表現を用いるのは、彼がギリシア人に魅了され、なおかつ同様にヘルダーリンの詩にも魅了されているからである。ヘルダーリンの詩には神々に関して多分に語られている。その表現の中に有神論的な意味における「神」を読み込むことは誤りだろう。しかしながら、「神々」という言葉は、あらゆる実在が有する「神的要因」と称されるもの、あらゆるものが参与する聖なるものを象徴しているのである。推量するに、初期のハイデガーは全く世俗的な世界を、功利主義的見解に支配された世界を描写している。ハイデガーは、あらゆる実在、すなわち人間だけではなく存在にも神々にも同様に、時間性と歴史性が帰属するという見解を今も撤回はしていない。しかしながら、中期に至って展開される哲学において彼は、時間と歴史の内に神性なものと大志を抱く人間精神の為の余地を見出している。先に私が注意を喚起したごとく、おそらくこの哲学にはキリスト教的哲学の要素は何もないのであり、それ故この哲学はキリスト教哲学ではないのであるが、しかれども、キリスト教と共存し得るものであるが故に、二〇世紀における先導的神学者たちがハイデガー哲学に魅了されるのももっともなことなのである。

物に関する四重性というこの理論はかなり奇妙なものであり、我々が生きている技術社会に如何様に対応するのであろうか。初期のハイデガーは手許に存在するものという術語を用いて、世界を巨大な仕事場と見做しており、彼のこの見解は技術世界においては最適なものである。しかしながら、物性の概念を深化させるに際して、彼はある種のロマン主義に変転してしまったと推考される。この変転はハイデガーが田舎に育った人物であることを想起するならば理解し得るものであるだろう。しかしながら他方では、ハイデガーのこの思想が二〇世紀の精神を反映している諸要素に適合しているとはいい難いのである。ハイデガーの思惟には亀裂があるのではないだろうか。時流の思考方法において確固たる場を全く見出せないでいるかつての諸観念に固執する一方で、ハイデガーは、現下の我々が認知し居住している現実的世界との折り合いを試行しているのではないだろうか。

以上の問題は、ハイデガーが技術に関して論述していることを検討するならば、さらに先鋭になって生じてくるのである。私は明瞭な解答は得られないだろうと危ぶんでいる。何故ならば、現代世界において技術が支配的な役割を果してきたことをハイデガーは実際充分に承知しているにも拘わらず、彼がこの主題に関して記したこと[11]は不明瞭で両義的であるからであり、なおかつ、その混乱が彼の解釈者たちにも及んでいると推考されるからである。存在者に没頭し、存在を忘却するという彼にとって最悪の罪を技術は犯しているが故に、明らかに、彼は技術に満足し得ないでいる。しかしながらその一方で常識は次のごとく彼に教え諭しているのである。我々はすでに（これはハイデガーにとって運命的言葉である！）技術に没入し、後戻りし得ず、技術と共に生きてゆく術を学ばなければならないのである、と。我々は技術社会に生きることを欲するのか、それとも欲しないのかを自問するにはあまりにも時を逸し過ぎたのである。何故ならば、かくのごとき技術社会は、公私共に他の多くの事態同様に、すでに我々にとって事実的状況だからである。

技術に関するハイデガーの論述は不明瞭であると、私は非難した。ハイデガーの言辞によるならば、技術の本質は「立て組み（*Ge-stell*）」であり、続いて、立て組みとは世界が生産と消費の為のある種の商品資源、すなわち商品貯蔵庫と見做されることになる「集約（gathering together）」のことなのである。この巨大な活動の背後にある動機は力への意志である。しかし、ハイデガーの見解によるならば、上記のこの巨大な活動は明確な目的を有していないことが難点なのである。このことは、電力生産の為にライン河を利用することに関してハイデガーが書いた諸論文の一つにおいて、非常に明瞭に表現されている。「ライン河の流れの中に水力発電の施設が置かれている。その施設によってライン河は水圧を供給するものとなり、水圧はタービンを回転させる。この回転によって発電所の機械が動かされ、機械の推力が電流を押し流すことになる。……自然の内に隠されていたエネルギーが解放され、解放されたものは変換され、変換されたものは蓄えられ、蓄えられたものは分配され、分配されたものは再び新たに変換される」[12]。おそらく上記の諸文が、立て組みという抽象的術語の意味を具体的に明らかにする手助けとなるだろう。しかし上記のハイデガーの写生文においては、明らかに、多少の皮肉や風刺さえ含まれており、なおかつ、活動に関する段から、最終目的についての観念の無さに関する段への移行は短絡的である。さらに、「ライン河自体さえもが我々の自由になるものとして現出している」というハイデガーの最後の発言には、何かしらノスタルジアを感じさせるものがある。偉大なる河が単なる設備の一部分に零落させられているのである。私の推考によるならば、ドイツ人にとってのライン河は、ロシア人にとってのボルガ河や、エジプト人にとってのナイル河のごときものであり、それは単に四重性だけではなく多重なのであり、ドイツ民族とその歴史や神話とに無尽に繋がっているのである。

技術が人間に及ぼす影響の仕方は、二義的でもある。既述のごとく、人々がこの技術社会に生きてゆくことを欲するのかどうかを自問するにはあまりにも時を逸し過ぎたことを、ハイデガーは認めている。人々はすでにこの技術社会にいて、それを最大限に利用せざるを得ないのである。しかし、人々はいかにして技術社会に没入することになったのだろうか。それは過去におけるある最初の決断の結果なのだろうか。ハイデガーの指摘によるならば、技術の時代は存在が人間に遣わした宿命なのである[13]。「立て組みはある一つの暴露へと遣わす。あらゆる暴露と同様に、立て組みは宿命の一つの定めである」。上述においてすでに我々はハイデガーの宿命という観念に遭遇しており、私の考えによるならば、この観念は我々にとって不安感を抱かせるものである。しかしながら、「宿命は人間への完全なる支配力を保持する」と述べた直後に、突然ハイデガーは方向を転じて次のごとく言葉を続ける。「この宿命は決して強制する運命ではない。何故ならば、人間は唯一宿命の領域に帰属する限りにおいて真に自由となり、かくして聴従する者となり、決して単に従う者となるのではない(14)」、と。

ハイデガーが技術に関する自分の諸観念を詳説する為に費やした不明瞭で両義的で逆説的な陳述を解きほぐすことによって、そこからこの主題に関してある程度明瞭な見解を導出することができるだろうか。私は以下でそれを試行するが、私の言辞がハイデガーの思想を代弁している、あるいは、私の帰結に他の解釈者たちも同意するだろう、とあえて主張する意図は私にはない。

出発点となる、そして思うに、疑い得ない点は、好むと好まざるとに拘わらず、我々は技術時代に突入しているというハイデガーの主張である。さらにハイデガーは、技術時代は存在が我々に遣わしたある種の宿命（*Geschick*）であると主張するが、無論、我々はこの主張を受け入れる必要はない。技術時代に突入したのは我々の先祖が下した選択の結果かもしれないが、この突入がいかに生じたのかには関係なく、技術時代は我々の事実的な遺産の部分、しかも支配的な部分なのである。それ故、我々は技術社会を甘受し、その一員として生きていかざるを得ないのである。

私の考えによるならば、技術の内には危険があるという点で、我々はさらにハイデガーに同意し得る。危険とは、元来道具や用具で在ったものが無制御状態となり、それらのかつての主人であった我々の生活を規定し始めたことである。私の想定によるならば、この危険が我々にことさら意識されたのは、東西の軍拡競争が頂点に達し、兵器が立て組みの典型である資源や貯蔵庫の内に積み重ねられてゆき、我々には破壊への競争を防ぐ手立てがないかのごとくに思えた正にその時であった。この特別な危険は減じてきているが、それでもなお、人間自身が資源の一部になっているという一般的な危険は残存しているのである。

ハイデガーの分析においてさらに別の観点を承認しても良いと、私には思われる。すなわち、承認しても良い観点とは、技術の危険に対する救済は技術そのものから由来することは在り得ないというハイデガーの信念である。システムのある部分に不都合があれば、改良された技術がそれを正常化するであろうと、我々は信じる傾向がある。しかし、それが可能であるのは狭い範囲に限られている。ライン河の使用に関する記述においてハイデガーが示唆しているごとく、技術は道具であり、それ故、手段としてとにかく目的を有するものであるが、その目的は輪郭不明瞭な短期的なものなのである。我々は目的に関してより一層の明瞭さを必要とするが、目的は技術によって整えられるものではないのである。しかしこの時点で我々はハイデガーを非難しても良いかもしれない。何故ならば、この時点で、ハイデガーは自分の哲学の倫理的側面をいまだに展開していないからである。実際、彼は当初の思惟以来この方、一貫して倫理的問題を回避してきたのであり、したがってこの点に関して非難されても、それは正当なことなのである。

小論「技術への問い」の最後の箇所において、ハイデガーが我々に期待を抱かせているかのごとくに推量されるが、その箇所においてさえも倫理的問題は看過されているのである。彼の言辞によるならば、「人間にとって脅威は、おそらく致命的である技術機械や装置から最初にくるのではない。実際の脅威はすでに人間の本質にまで影響を及ぼしてしまっている。立て組みの支配が人間をある可能性でもって脅かす。それは、人間が一層原初的な暴露へと侵入して、かくして一層根本的な真理の呼び声を経験することを拒まれるかもしれないという可能性である。したがって、立て組みが君臨する時、そこには最高の意味において危険があるのである」(訳10)。しかれども、ハイデガーはヘルダーリンを引用する。

されど危険の存するところ、おのずから
救うものもまた芽生う。

正に技術の危険が新たな暴露へと推し進めるのである。ハイデガーは、古代ギリシアにおいて技術(*techne*)という言葉が職人的技術ばかりではなく、芸術に対しても用いられた言葉であることを想起させる。推測するに、素晴らしい芸術のうちに、我々はさらなる道を看取し得るかもしれない。それ故、この章における三番目であり、なおかつ最後の問題として、我々が赴くのは芸術なのである。

芸術作品、特に視覚的芸術作品に関するハイデガーの主な見解は詳細な論文である『芸術作品の起源』に見出される。それは一九五〇年に出版されたのであるが[15]、その原型となっているのは一九三五年の講演であり、その講演は後に訂正され拡大されて一連の三つの講演から成ったものなのである。講演の最後の方でハイデガーは、「芸術の中でも優位な地位を得ているのは言葉による芸術作品、すなわち詩作である[16]」と主張した後、詩に関して、特にヘルダーリンの詩に関して一文を記している。しかしながら、現下においては『芸術作品の起源』に我々の考察範囲を限定するならば、詩に関する考察は後述することにしよう。何故ならば、この論文におけるハイデガーの関心は主に建築物と絵画という芸術にあるからである。

ハイデガーの見解によるならば、大抵の人々は芸術の起源は芸術家にあると考えている。我々は芸術家である彼や彼女が作品を創造すると考えている。しかし、この解答は満足のいくものではない。何故ならば、当然のことであるが、彼や彼女を芸術家と称する理由がさらに問題となるからである。芸術家が芸術家となり、なおかつ、芸術作品を生み出すことで芸術家と認められるのではないだろうか。「芸術家は作品の起源である。作品は芸術家の起源である。どちらも他方なしにはない。……それら自身において、そしてそれらの相互関係において、芸術家と作品とが各々であるのは、両者に先行する三番目のものによる。すなわち、芸術家と芸術作品とにそれらの名前（芸術）を与える三番目のものによるのである[17]」。それ故、芸術家を作品の起源であると称することには循環があるのであり、したがって、我々は一層深く考究する必要があるのである。

作品それ自身は物である。実際、娯楽や他のほとんどのものと同様に、芸術が商品化されている現代世界においては、芸術作品は船に積まれてある展覧会場から他の展覧会場へと、ある競売場から他の競売場へと、ハイデガーの言辞によるならば、「石炭がルールから、木材がシュヴァルツヴァルトから」運ばれるがごとくに運搬されるのである。芸術作品は物であることは疑いを得ない。しかし、芸術に関するあらゆることが、この物的繫がりの事実から由来し得るのだろうか。

この論文の文脈において、ハイデガーは『存在と時間』ですでに立て、他の論文で再び設定することになる「物とは何か」という問いを立てているのである。ハイデガーが物性の本性は「四重性」によって構成されているという発想に取り組んでいたのは、正に『芸術作品の起源』が出版された時期なのである。[18] 確かに『起源』の最終版においてさえ「四重性」は明確に表現されてはいないが、後述するごとく、四重性にかなり類似したことがハイデガーの念頭にはあったのである。しかし、『起源』において物の本性を議論する際にハイデガーが最初に為していることは、『存在と時間』ですでに批判していた見解を改めて批判することなのである。批判されたのは、物は環境世界において遭遇する事物として外的な仕方で現存在に対向してきて、何よりも最初に客観的術語において考察されるという見解である。この見解に対する批判に関して詳細に検討する必要はない。何故ならば、それは初期のハイデガーの言説と原則的には何ら変わるところがないからである。この批判は結局のところ我々を『存在と時間』で展開された道具的見解に導くのであり、物は現存在によって投企された世界に帰属するものとして実践的に考察されるのである。

この時点で、ハイデガーは一つの例を用いる。いつものごとく、具体的な例示はハイデガーの多分に抽象的な発言を幾らか明瞭にするのに役に立つ。彼が選んだ物の例えは、一足の農婦の靴である。かくのごとき一足の靴は物的でもあるが、それはまた芸術の主題でもあり得ることに、我々は気付かされる。ヴィンセント・ヴァン・ゴッホの手になる有名な一足の農婦の靴の絵を巧みに用いて、ハイデガーは物性を芸術に関連させているのである。私の考えによるならば、農婦の靴は通常それ自身では芸術作品とは見做されないだろう。その靴は確かに道具であり、我々が考察してきた他の道具のごとく、その靴が理解されるのは、それが用いられているのを見る時、すなわち靴の持ち主がそれを履き田畑で働いているのを見る時なのである。しかし、その時には、その靴は有用なものであり、むしろ美の対象であるとは思われない。しかれば、いかにしてヴァン・ゴッホはその靴を絵の主題にすることができたのであろうか。おそらく答えるに、手許に存在するものは美よりも有用さによって特徴付けられるのであるが、そこには何かしらの美的要素があるのかもしれないのである。いうならば、王妃やバレリーナの為に作られた特別な靴は、一つの道具であると同時に芸術作品でもあるだろう。ハイデガーの指摘によるならば、芸術家と職人との間に厳密な確固とした境界線を引くことは困難であり、ギリシア語では芸術家も職人も同じ言葉 *technites* で表現されるのである。おそらく芸術作品の諸特性を所持し得ないごとき形よき道具は在り得ないのであり、また一方で、石や金属や顔料を用いて制作する優れた芸術家は職人でもあり得るのである。

ハイデガーはヴァン・ゴッホの絵における農婦の靴の意味に関して語っているが、それは注目すべき一文である。「その靴の擦り切れた内側の暗い穴から、働く者の辛い歩みが前方をじっと見つめている。この靴の激しいでこぼこのある重さの内に、田畑の広く伸びて単調でさえあるあぜ道を、冷たい風に押し流されながらとぼとぼと歩いた歩みの根気強さが積み重ねられている。……この道具を貫き満たしているのは、パンの確保の為の不平なき気遣い、再び苦難に打ち勝ったことに対する言葉なき喜び、迫りくる誕生を前にしての慄き、死の脅威に囲まれていることへの戦慄である[19]」。以上の一文のかなりの部分を省略して私は引用したのであるが、それでも下記のことは看取し得るだろう。芸術作品が描写している物の多重的連関、それが四重的連関であろうが、感覚的想像にとってはそれ以上のものであるだろうが、とにかくその多重的連関が芸術作品によっていかに明らかにされるのかを、我々は上記の引用から看取し得るのである。ハイデガーの言辞によるならば、その道具は特に大地（四重性の最初の項目）に属しており、同時に農婦の世界にも属しているのであり、その世界がおそらく四重性の残りの三つの項目を含意しているのであろう。

しかしながら、ハイデガーのさらなる言辞によるならば、その靴に関するこれら全てのことに我々が気付くのは、唯一その絵においてなのである。おそらく一足の靴それだけではかくのごとき考察を喚起することはないであろう。その靴を履く女性はどうであるだろうか。彼女はただ単にそれを履いているだけではないのだろうか。ハイデガーの考えによるならば、彼女にとっては単に履いている以上の経験がそこにはあるのである。ヴァン・ゴッホの描いた靴を観ることでハイデガーが為したごとくに、彼女は靴に関して考察することはないだろうが、彼女はその道具が頼りになることを確信しており、その確信が彼女の世界に対する暗黙の確信となっているのである。

ヴァン・ゴッホの絵に対面する時、一体、何が起こっているのだろうか。ハイデガーの説明によるならば、そこでは、絵が語っているのである[訳11]。「絵はその道具が真理において何で在るのかを開示する[訳12]」。すでに幾度もハイデガーから多分に聞き及んでいることではあるのだが、ギリシア人にとって真理とは存在者の非隠蔽性（unconcealedness）なのである。「（芸術）作品において生じていることは、ある存在者の開示、すなわちその存在者が何で在り、如何様に在るのかが開示されているのであり、真理の出来事が生起しているのである。芸術作品において、存在者の真理は自らを働きへと生起せしめるのである。……一つの存在者、すなわち一足の農婦の靴は、その作品において自らの存在の明かりの内に立つことになり、存在者の存在が自らの輝きの内に安定へと至るのである[20]」。ハイデガーのここでの示唆によるならば、真理の発見は単に人間の探求の結果であるのではなく、存在そのものが真理の内に自らを明け渡すことなのである。ギリシア語の *physis* は通常「自然（nature）」という言葉に翻訳されるが、ハイデガーによるならば、むしろそれは「出来《しゅつたい》（emergence）」と翻訳される方が適している。さらに *physis* は「存在」であり、英語においても同様である。したがって、「存在とは出来することである」といい得るかもしれない。仮にこれを容認するのであるならば、当初において議論された、芸術家にも芸術作品にも先行している芸術とは、その起源を存在において有しているのである。「しからば、芸術の本質とはかくのごときものと論断される。すなわち、その本質とは、存在者の真理が自らを生起せしめることなのである[21]」。ハイデガーは、偉大な芸術作品に比すれば芸術家は重要ではないとまで極言している。芸術作品とは、絵画においては描写という仕方ではあるが、存在者においてすでに秘められたることを明け空け(the open)、すなわち非隠蔽性へともたらすものである、といい得るのだろうか。仮にいかなるものもその本性において四重的であるとするならば、この特性は芸術作品にも適応し得るのではないだろうか。確かに、この適応はヴァン・ゴッホの手になる一足の靴の絵に関する解釈としては許容し得るものであると推察されるし、また屡次《るじ》の適応は可能であると推考される。しかしながら、芸術はあまりにも多様な外観を呈するが故に、その解釈は往々にして上手く行かない時があるものである。

ただちにハイデガーは別の例を引き合いに出してくる。その例は絵画同様に視覚的芸術から、すなわち建築作品から選択されたものであるが、今回はヴァン・ゴッホの絵とは違って、何ものをも描写しているものではない。その例とはギリシア神殿である。神殿は丘の上に立ち、自らの内に神の御姿を隠蔽しつつ包み込み、境内全体を神聖なものとしている。この神殿は自らの周りに四重性だけではなく、意味の多重さを集約している。すなわち、神殿には「誕生と死、災難と祝福、勝利と屈辱、忍耐と頽落とが人間にとって運命という姿となって現れ出る様々な道行と連関」の統一性があるのである。(22)

大抵の場合、ハイデガーは優美な著述家であるとはいい難いのではあるが、時折、かなり感銘を与える雄弁家になることがある。ヴァン・ゴッホの手になる農婦の靴に関するハイデガーの記述と同様に、神殿に関する彼の記述は感銘的である。「そこに立ちつつ、神殿は岩根に安らっている。作品のこの安らぎは、岩根の嵩張りて扱い難く、しかれども自発的な土台であることの知られざる様を、その岩根から引き出してくる。現に立ちつつ、その神殿は頭上で荒れ狂う暴風に抗い自らを保持し、かくして暴風自体の凄まじさを初めて明らかにする。石の輝きと煌きとは、それ自身唯一太陽の恵みによるかのごとくに思われるが、しかれどもそれは昼の明るさ、空の広がり、夜の暗さを初めて輝きへともたらすのである。神殿が確固として聳《そび》え立っていることによって、目に見えない空間が見えるようになる。その作品の断固たる様は打ち寄せる波のうねりと対照的であり、作品自身の穏やかさが海の波浪の激しさを明るみにもたらすのである」[23]。この現れ出て来て自らに立つことは、ギリシア語の自然（*physis*）が意味することと同様に、確固たる大地の意味を示しているのである。

この箇所でハイデガーは宇宙を秘蹟として捉える見解に接近している。神の像が神殿の内に留まり、供物が捧げられる限り、そこには聖なるものに関する感覚が存在する。神の像は、我々が神を想像し易くする為の単なる肖像ではないのである。（芸術）作品こそが神を現前化させているのであり、それ故、その作品は神自身なのである。

しかしながらハイデガーの上記の論議において重要な言葉は「大地」と「世界」という対照的な術語なのである。芸術作品は世界を設定し（set up）、大地を定位する（set forth）。この定立（setting, *stellen*）と技術にとって特有である立て組み（enframing, *Ge-stell*）において見られた定立との間には、いうまでもなく相当の差異がある。立て組みは、世界の内で出会う多様なものに我々が主観的に附加する想像的な枠組みといったものでもない。既習のことではあるが、世界は単なる物の集合体ではないのである。「世界は世界化するのであり、我々が故郷に居るがごとくに信じている領域、すなわち確実に知覚し摑み得る領域、その領域よりも世界は一層存在するのである」[24]。

世界と大地とは互いに対照的であり、互いに闘争的でさえある。何故ならば、世界が設定されることにおいて、久しく大地の深淵に隠蔽されていた事物が、存在者と真理の明かりの内にもたらされるからである。この全行程を端的に象徴する例は、神殿の為に大理石が大地の下から持ち来たらされることである。かくして大理石は光沢のある煌く石のあらゆる美しさを持ち得ることになるのである。これは、ハイデガーが為すもう一つ別の指摘を例証している。環境問題が焦眉の問題になる久しい以前において、ハイデガーはすでに記しているのであるが、彼が当時延べたことは現下の環境問題と関連性を有しているのである。大地の資源が道具的に用いられる時、その資源は使用と共に使い果たされてしまうのであるが、他方、芸術は物を真に在るがままに存在させるのである。

しかし、世界と大地は対照的であるだけではなく、相互に互いを必要としている。ハイデガーが一度ならず述べているごとく、大地は世界の中へと突き出ている。ハイデガー自身は下記の例証を用いることはないのであるが、彼の言葉は私にエルサレムの岩のドームを想起させる。そのドームはモリヤ山頂の岩の上に建てられており、聖所の滑らかな床からその頂の岩が突き出ている。伝承によるならば、そこは正にアブラハムが息子イサクを生贄として神に捧げようとしたところであり、何世紀も以前からその場所には、寺院やモスク等、何かしらの神殿があったのである。

ハイデガーの中期と後期の諸著作に見出される「世界」という概念は、『存在と時間』で解明された仕事における道具的世界概念から遥かに発展していった。その世界概念がハイデガーの幾つかの著作において用いられている物の四重性という概念を含意するのかどうかは、議論の的になるところである。世界という構想は初期の著作に看取されるものに比して、一層豊かなものへと変転しているのは確たる事実であるのだが、一方、推考するに四重性の説明はあまりにも精確を極めたが故に、明らかにそれを特殊な諸事実に適応するのには困難が伴う。より簡潔な概念、例えば、四重性に比して一層簡潔であると思われる大地と世界という概念の方が、かなり順応性があるのである。私の考えを述べるならば、世界か物の四重性か、これら二つの発想のいずれを好むにせよ、どちらも人間の経験の豊かさを、真理と非真理の内に同時に実存する現存在という存在者を、正当に評価しているのである。

第六章　思惟と言語と詩

先行の章におけるのと同様に、この章においても、ハイデガーにとって重要であり、互いに密接に関係している三つの主題に留意することにする。それは、思惟と言語と詩である。これらの主題に関する彼の思想的発展を理解する試みにおいて、本書の主な関心事である諸問題に深く関与するハイデガーの思惟の諸契機に対して、我々は殊更に注意を払うことにする。すなわち、ハイデガーのキリスト教に対する関係に留意し、ハイデガーによる時間と時間性に関する理解がキリスト教にいかなる影響を与えているのかについて、我々は特段の注意を払うことにする。

初期の諸著作では、思惟一般に関する明瞭な検討はあまり多くは見られない。しかしながら既述のごとくハイデガーは現象学に関して多言であり、現象学的方法を『存在と時間』の実存論的分析を遂行する為に用いている。[1] 現象学とは思索の方法であり、厳密で統制的な方法であり、フッサールとその弟子たちによって「学問的（*wissenschaftlich*）」と主張された方法である。それはドイツの学者たちにおいて理解されている広い意味において「学問的」なのである。現象学の主な特徴は、推論や推測とは異なって記述に重きを置く点にある。これはハイデガーが現存在の存在論を実施するに際して採用した思索の模範となったのである。ウィリアム・リチャードソンは下記のごとくに述べている。「現存在に関する省察が存在そのものの意味を探求する為の方途を準備するものであり、その省察の為に採用された方法が現象学であるとするならば、これの意味するところは、一九二七年のハイデガーが存在の思索に関して採択した方法は正に現象学である、ということである」[2]。リチャードソンが上述の指摘において「省察（meditation）」という言葉を用いている点に我々は留意すべきである。「省察」によって示唆されている思考とは、思惟しているいかなる対象に対しても精神が従順で受容的である思惟のことである。かくのごとき思惟は自然科学における積極的で探求的な思考と対照をなすものであると推考される。何故ならば、自然科学は自然の様々な領域の諸属性や諸作用に探りを入れてくるからである。今仮にハイデガーは科学に抗っていると主張するならば、それは誇張となるであろうが、彼はかなり率直に、科学は思惟しない、と幾度か言明している事実は否定できない。[3] 科学は思惟しないという言辞が耳朶に触れる時、我々は驚嘆する。何故ならば、科学は信頼に足る知識を調達するものであり、かくのごとき科学に対して迷信的でさえある尊敬がなされている時代に、我々は育ってきたからである。ハイデガーが「科学は思惟しない」という表現を用いたのは、部分的には、かくのごとき一文が与える衝撃的効果を見込んでのことであることは疑い得ない。実際ハイデガーが念頭に置いていたことが十分に明らかにされるのは、下記のごとくに彼が述べる時である。いかなるところにおいても、いかに深く科学が存在者を探求しようとも、科学は存在を決して発見することはないだろう(4)。ハイデガーにとって「思惟」と称されるに価するものは、存在に関係するものでなければならない。彼の信念によるならば、諸科学は唯一存在者に関わるのであり、「存在」を全くの無であるとして、あるいは単なる哲学的虚構であるとして退けるのである。それ故、ハイデガーは科学的思考をコンピューターでさえ遂行し得る「計算的」思考に分類するのである。

無論、当然のことであるが、ハイデガーは科学者たちに対してあまりにも不公平であるといい得る。科学においては「計算的」な思考が過多であることは否めない事実であるが、創造的で構想力に富む発見的契機も科学にはある。ハイデガーの表現を用いるならば、科学においても非腹蔵性の数多の出来事はあるのである。それらは科学的思考の主な成果であることは確かである。

ハイデガーは、科学者と同様に神学者も思索者の地位から締め出す。真の思索者にとって、あらゆる事柄が問題であり、なおかつ問題で在り続けるのだが、ハイデガーの見解からするならば、神学者は啓示を介して揺るぎ無き知識に到達していると信じている。すでに指摘してあるごとく(5)、ハイデガーは神学に対して奇妙にも制限的な理解を抱いている。それ故、科学者と同様に神学者が思索者であることをハイデガーが否定する時、彼は自分自身の次のごとき言辞と矛盾することになる。

「キリスト教的経験の世界、すなわち信仰の世界への詳細な思索と探求があり」、この企てが神学なのであり、神学は「真の偉大さ」を有するのである。

しかれども、我々は哲学、科学、神学の相対的な価値に関する議論にもはや従事する必要はない。歩みを先に進めて、ハイデガーが思惟の本性に関してさらに何を教示してくれるのかを見てみよう。ハイデガーはかつての政治的活動が原因で停職状態にあったが、その後フライブルク大学の教職に復帰した。その時、開講された最初の講義は正に思惟を主題にするものであった。この一連の講義における主題は理解し難く、講義に与えられた表題も様々な解釈を受け入れるものである。ドイツ語の表題は *Was heißt Denken ?* である。周知のごとく、英語の翻訳は *What Is Called Thinking ?*（何が思惟と呼ばれるのか?）である。[6] ハイデガー自身がこの表題を理解する四つの方途を示唆している。(1)「何が思惟と呼ばれるのか」において第一に問われているのは、次のことである。「我々が思考や思惟と称しているものが何であるのか、これらの言葉は何を指意しているのか、我々が思惟という名称を与えているものは何であるのか」。(2) 続けて「何が思惟と呼ばれるのか」において二番目に問われているのは、次のことである。「思惟と称されてきたものを伝統的教説は如何様に想定し定義しているのか、思惟に関する伝統的教説が何故に論理学という奇妙な名称を有するのか」。(3) さらに「何が思惟と呼ばれるのか」において三番目に問われているのは、次のことである。「本質的に正しい仕方で思惟し得る為に必要とされる前提条件とは何であるのか」。(4)「何が思惟と呼ばれるのか」において四番目に問われているのは、次のことである。「我々を思惟に呼ぶもの、いうならば、我々に思惟を命じるものは何であるのか、我々を思惟の内へと呼び込むものは何であるのか」[7]。（説明を要することであるが、上述の問題を定式化した四番目の方法は、ドイツ語の動詞 *heißen* の両義性に由来する。この動詞は「ある名称を有すること」「名付けられること」を意味しており、それが最初の三つの定式化において理解された意味である。しかし、この動詞は「命じること」をも意味し得る。それ故、*Was heißt Denken?* は「何が思惟を命じるのか」「何が思惟を呼び起こすのか」、あるいは「何が思惟を召喚するのか」を意味し得るのである。ハイデガーにとって重要であるのは、四番目の意味である。）

ハイデガーはこの一連の講義を次の言葉で始めている。「我々自らが思惟するように試みる時、思惟するとは何を意味するのかを知ることになる。その試みの成功を意図するのであるならば、喜んで思惟の習得に勤しむべきである。仮に思惟の習得に関与することを自分自身に許すならば、自らに思惟する能力がいまだにないことを我々はただちに承認することになるだろう[8]」。明らかに、思惟は人間の可能性であり、なおかつこの存在者は「理性的動物」、すなわち思惟能力を有する有限な存在者であるとさえ定義されてきたのである。しかれども、我々はいまだに思惟していないのである！

いまだに思惟していない「我々」に属しているのは誰であるのか。この「我々」を構成しているのは正に現代社会一般なのではないだろうか。おそらくこの「我々」が現代社会一般を構成しているのである。何故ならば、現代社会は科学と技術の時代であり、既述のごとくハイデガーの批判によるならば、科学は思惟しないからである。ハイデガーの信念によるならば、科学的思考とは計算的思考であり、そしてすでに彼から聞き知っているごとく、ハイデガーにとって真の思考とは省察的特徴を有するものなのである。後述するが、ハイデガーの見解によるならば、省察的思惟は科学者におけるよりも詩人において一層看取されることなのである。しかし、省察的思惟は応答的思惟である。それは、「思想を召喚する（thought-provoking）」（あるいは思想を呼び起こす thought-evoking）ものによって呼び出される思惟である。したがって、「何が思惟と呼ばれるのか」という問題に関する四番目の解釈をハイデガーが最も重要視する理由がすでにここに見出せるのである。何故ならば、四番目の解釈は「何が思惟と呼ばれるのか」という問題をむしろ「何が思惟を呼び起こすのか」と解するからである。しかし、「我々はいまだに思惟していない」における「我々」の意味するところは、おそらくかなり限られている。推量するに、この「我々」が意味しているのはハイデガー自身であり、彼の講義を聴講している人々であり、さらに哲学界に属する人たちのことである。その頃のハイデガーは、ヨーロッパの偉大な哲学的企てが終焉に向かっているという信念を抱き始めていた。いささか黙示録的な表題を有する小論『哲学の終わりと思惟の使命』[9]におけるハイデガーの告白によるならば、一九三〇年以来、彼は『存在と時間』の問題をさらに適切な方法で再考しようと努めてきたのである。彼の思想の発展を辿ってきた我々は、いかに彼が方向転換をなしたのかをすでに自得している。すなわち、現存在の予備的研究を介して存在問題に間接的にアプローチする方途よりも、一層直接的な存在との遭遇に関与する方途へと、彼は方向転換したのである。この転向において彼は思惟の新たな道に踏み出すことになった。それは、『存在と時間』において適切であると見做されていた現象学的探求という思考ではもはやなく、思惟を呼び起こす存在の促しに応答するという典型的な省察的思惟である。もっとも、この新たな思惟の道は、ある諸点において西洋思想の起源の取り戻しである。すなわち、パルメニデスのごとき初期の思索者たちの洞察の取り戻しなのである。パルメニデスが思惟と存在とに関して語ったことは、明らかにハイデガーに多大な影響を与えている。[10] 少しく『哲学の終わりと思惟の使命』という小論に戻ろう。この表題は単に黙示録的であるだけではない。何故ならば、思惟の使命という後半の言葉が示唆しているごとく、たとえ伝統的哲学が行き詰まったとしても、なおも思惟には為し得ることがあるからである。これは新たな始まりであるだろうし、想定し得るに、それは、現在流布している技術への幻想が自然消滅した時、芸術を介して生じるかもしれない新たな始まりに相当するのではないだろうか。ハイデガー自身が類似のことを示唆しているように思われる。彼の言辞によるならば、思索者が思惟を呼び起こすものに応答するがごとく、大工は木材に応答する。しかれども、ハイデガーは次のごとくに詰問する。現代の組織的労働において、大工と木材との関係に相当するものが何処にあるのだろうか。[11]

ハイデガーの弟子たちが記するところの転向（*Kehre*）の核心とは、実存論的分析の現象学から存在の省察的思索への移行のことなのである。おそらくこの移行が理由となって、ハイデガーは自分を哲学者と称するよりは思索者と呼び始めたのである。しかれども、思索と存在は現存在に密接に連関しているのであるから、一方からはじめても他方に導かれてしまうのである。しかしながら、推考するに、一方から他方への直接的道は在り得ないのである。「人間の本質的本性に関するあらゆる哲学的、すなわち思慮深い教説は、それ自体においてすでに存在者の存在に関する教説である。存在に関するあらゆる教説は、それ自体においてすでに人間の本質的本性の教説である。しかし、そのどちらの教説も、一方を転回させるだけで獲得され得るものではない。……思考の道、形而上学的な思考の道さえも、人間の本質的本性から始めて、そこから存在へと進むことはない。その逆に、存在から始めて人間へと戻り行くこともない。むしろあらゆる思索の道は、存在と人間的本性との全体的関係の内ですでに自らの道を得ているのである[12]」。

思惟することが何を意味しているのかをさらに説明する為に、ハイデガーが広範囲において頼りにしているのは言語学的考察である。彼の言語に関する教示の箇所にきた時、我々は彼の方法を詳細に検討し、その言語的方法を査定しようと思う。そこで、しばらくの間は、彼が思惟に関して言わざるを得ないことと、「何が思惟と呼ばれるのか」という問題の四番目の形式に対するハイデガーの解答に留意することにする。

最初に為すべきことは言葉に耳を傾け、その実際の語に留意することである。ドイツ語の全ての同属語を想起してみよう。*denken*（思惟 think）*Gedanke*（思想 thought）*Gedächtnis*（懐思 memory）。「懐思 memory」という表現はラテン語からの借用で、その他の同属語の英語はドイツ語と明らかに同じ系統であり、おそらく類似した意味の歴史を持つ。ドイツ語の *danken*（感謝）とそれと同意語である英語の「thank（感謝）」は、これらの語と緊密に関係している。誰かに感謝するとは、その人を懐思することであり、その人に関して有り難いと思惟することである。ハイデガーは自問している。「思惟するとは感謝の所与であるのか。この感謝とは何を意味しているのか。あるいは、感謝は思惟においてあるのか。この思惟とは何を意味しているのか」(訳13)。懐思は単なる思想を入れておく容器ではなく、思想は単なる観念や意見ではないのである。思惟の感謝への関係が原初的な思惟の意味を示唆している。このことをハイデガーはパスカルの有名な教えと対比している。それは、心もそれ自身の思考を有するという教説であり、かくいうことでパスカルは、当時優勢になってきていた数学的思考に直面して、あることを取り戻そうと試みたのである。

議論のこの個所においてハイデガーは宗教的な、あるいは、あたかも宗教的形式の言語に訴えかけている。「感謝を捧げることにおいて、心は自らが所持しているものと自らの本性に思索を所与する。かくのごとく心は思索を与え、懐思となることで、思索において心は自分自身を、自分自身が保持されるところへと所与するのである。心は自分を恩義あるものと思惟する。それは単なる服従の意味においてではなく、心が恩義あるということは、心の専心が聴従の内に保持されているからである。原初的な感謝は存在に負うところの存在への感謝なのである(13)」。

思索、懐思、感謝に関する上記の指摘は、「何が思惟と呼ばれるのか」に対するハイデガーの解答を解説する手助けとなる。その解答とは、この問題が解釈された際の四つの仕方における最初と四番目のものに対する解答である。

真なる思惟は知的作用以上であり、感謝に満たされた心情である。この心情はわけても思想に価するもの、思想を呼び起こすものに差し向けられているのである。ハイデガーの言辞を引用するならば、「最も思想を呼び起こすものに関する思惟可能性を贈る、この贈りに対して我々は、その最高の思想の呼び起こしに思想を与えること以上に適切な感謝を与えることができるだろうか」。したがって、ハイデガーにとって思惟とは敬虔に近く、「思惟の敬虔」という表現が彼に用いられても見当違いではないのである。(14)

さて、「何が思惟と呼ばれるのか」という問題の二番目の解釈は、西洋思想の伝統の意味に関して問うものであった。推量するに、この伝統は、特に現代においては、ハイデガーが述べてきたこととかなり状況が違っている。パスカルは心の思考を主張して、ルネッサンスの万能的合理主義と啓蒙とに抗おうと戦いを挑んだが、それは敗北だったようである。何故ならば、哲学的思考の主流(ハイデガーによるならば、この主流はすでに涸渇しかけている)は、思考の本質的本性に関する糸口を、ドイツ語の *denken* や *danken* から得て来ているのではなく、ギリシア語の logos から得てきているのであり、この logos が「logic(論理学)」として思考の基準を成しているからである。論理学は独立した別の伝統であり、明らかに、西洋における科学と技術との隆盛にとって本質的なことであり続けてきた。論理学はそれ自身の正しさを持つことは間違いなく、誰もそれを拒否し得ない。真理と論理とを破棄する際に、自分たち自身の主張が真摯な議論として聞かれることも拒絶する懐疑論者や脱構築主義者たちでさえ、論理学を拒否し得ないのである。仮に可能であるとするならば、思考のこの別の伝統はハイデガーが提唱した思惟と如何様に調停され得るのだろうか。これは無解答なままに残っている問題である。おそらく、それ故にこそ、ハイデガーは、我々がいまだに思惟に、すなわち十全な思惟に到達していないと、我々に警告するのであろう。無論その思惟は時間における人間的経験なのであって、かつてブラッドリーが「生気のない範疇の舞踏会」と称したごとき思考では当然ないのである。

「何が思惟と呼ばれるのか」という問題に関する最初と二番目と四番目の解釈に対するハイデガーの解答をそれぞれ見てきた。この問題の三番目の形式に対する明瞭な解答をハイデガーは与えていないように判じられる。三番目の問題形式は、正しい思考の前提条件を問うものである。おそらく、それは、最初と二番目の問題形式に対する解答において述べられた思考に関する二つの理解を調停する方法を我々が修得した後になって、ようやく答えられる問題なのである。

思惟の話題から次に移る際に、注目すべき別の著作がある。これは短いもので、『放下（*Gelassenheit*）』という表題で一九五九年に出版された。この本で再び思惟が主題として取り上げられており、そのことは英語の表題『思惟についての対話（*Discourse on Thinking*）』に反映されている[15]。

放下（*Gelassenheit*）という言葉を英語に翻訳するのは難しく、如何様に翻訳されたとしても、何らかの点で満足のゆくものではない。英語で翻訳出版されたものによるならば、「releasement（放免）」と訳されているが、もっとも、これは英語としては認知されてはおらず、優れた辞書においてさえ見出し得ない語である。「collectedness（落ち着き）」、「calmness（冷静）」、「serenity（平静）」等が、別の可能な同等の訳語であるだろうが、これらの訳語は解き放つ、あるいは放棄という意味合いさえ取り逃がしている。もう一つ別の可能な訳語は「detachment（脱離）」であるが、これはマイスター・エックハルトの別離性（*Abgeschiedenheit*）に対する訳語のごときであり、したがって放下は神秘主義を連想させる。下記においてこの『放下』に関して少しく検討するが、私は放下という術語のいかなる翻訳にも特別に拘束されるつもりはない。

一度ならず、現代社会においては思惟からの逃避がなされていると、我々は幾度も聞かされてきた。あらゆる研究が進展しているにも拘わらず、我々は思惟から逃避しているのである。何故ならば、（ハイデガーはかくのごとく信じているのだが）、諸研究は計算的思考の形態をなしているからである。彼の主張によるならば、「計算的思考はある見通しから次の見通しへと疾走する。計算的思考は決して留まらず、決して落ち着くことがない。計算的思考は省察的な思惟ではなく、それはあらゆる存在するものを統べている意味を沈思する思惟ではない[16]」のである。仮に放下という術語で示されている心の平安、すなわち落ち着きに到達することを意図するならば、我々はこの別の思惟、すなわち省察的思惟を養わなければならないのである。

以上の観点までは、我々が『何が思惟と呼ばれるのか』において聴取したことと、およそ同じ主旨である。しかれども、刻下検討されている『放下』において新しいと思われることがある。それは、思惟は第一に人間の活動ではなく、人間の内に引き起こされた活動であるという考えが特に強調されている点である。換言するならば、最初の思惟に関する諸論文で「思想の召喚」あるいは「思想の呼び起こし」といわれていたことによって、すなわち人間を超える実在によって人間の内に吹き込まれる活動が思惟であるという考えが強調されている点である。『放下』においては、『存在と時間』における果敢なプロメテウス的な要素から、かなり乖離した地点に達しているように思われる。『存在と時間』では、現存在は死に直面してもなおかつ幻惑されることもなく自由の内に喜びを現わす果敢なプロメテウスであったのである。[17] 今やハイデガーによって我々が聞かされることとは、心の喜びすなわち平安は、覚悟性を介して現存在が意志して得られるものではなく、提供された贈与だということである。『放下』における学者と教師と研究者との対話から二、三の文章を引用しよう。[訳14]

学者：自らを意志から引き離すことに応じて、我々は放下の覚醒に貢献します。
教師：むしろ、放下に向かって目覚めたままでいることに、というべきです。
学者：何故、覚醒に、といってはならないのですか。
教師：その理由は、我々は自らにおいて放下を自分自身で覚醒することはないからです。
研究者：それでは放下は別のところから引き起こされてくることになります。
教師：引き起こされてくるのではありません、そこへと放ち容れられるのです。

上述のごとくであるならば、我々は自分自身を超えたものに依存し、かくして放下に放ち容れられることを唯一待ち焦がれることしかできないのだろうか。これは不十分な慰めであるだろう。多分、我々は準備し、自らを開け放しておくことはできるだろう。ここで生じた問題はむしろ神の恵みに関する神学的な問題である。人間は自分自身の意志を全く放棄し得るのだろうか。それは人間以下のもの、単なる操り人形になることを意味しているのではないだろうか。あるいは、そこには、人間の側からの何かしらの応答的受容や割り当てがあらざるを得ないのではないだろうか。神学的術語を使うなら、そこには「共同作用（synergism）」といった要素があるのではないだろうか。以上のことは次のごとくにいわれる時に示唆されると推考されるのである。すなわち、放下の到達は能動的でも受動的でもなく、むしろかくのごとき区別を超えた何かしらの方途によるのである、と[18]。

しかしながら、『存在と時間』における明らかに人間中心主義的な強調は今では明確に放棄されている。もっとも、ここでもハイデガーは他の箇所におけるのと同様に、事態の全く新たな別の見方への移行ではなく、むしろ最初の頃の文章の再解釈を自分が為しているかのような印象を与えている。彼の実際の言辞によるならば、「『存在と時間』で理解されたごとくに〈覚悟〉は理解される必要がある。すなわち、〈覚悟〉とは明け空けに向かって現存在が特別に投企した現存在の空けである、と理解されなければならない[19]」。

話題を思惟から言語に移し、言語に関しては簡潔に論じることとする。何故ならば、言語に関する諸問題の幾つかは、思惟に関する議論においてすでに論じられたことの再現だからである。推考するにハイデガーの信念によるならば、言語において表現されることがなくても可能な思惟もあるが、我々の思惟の大抵が言語を必要としており、なおかつ両者は親密に繋がっているのである。『存在と時間』においてすでにハイデガーは言語に、正確にいうならば、話（*Rede*）に関心を示していた。話は了解の側に位置しており、現存在の基本的特徴である主要な実存範疇の一つとして位置付けられている。[20] 時の経過と共に、ハイデガーはますます言語に重きを置くようになってくる。もっとも、話とそれの非本来的表現である「世間話」とに関する明瞭な所見はさておくとしても、『存在と時間』においてハイデガーはすでに自分の哲学的方法において、明言はしていないが、言語に関する着想や哲学的了解に対する言葉の重要さを活用している。この点に関して少しく立ち戻ってみよう。

一般的な方向性において、言語に関するハイデガーの教説は、思惟に関して彼が論じてきたのと大概において類似の道を辿っている。すなわち、論点は人間の活動から人間を超えた存在の内なる源泉へと、人間性が自らの場をその内に所持する広大な実在を何と表現しようが、とにかく、かくのごとき実在の内なる源泉へと移ってゆくのである。すでに『形而上学入門』においてハイデガーは、言語を人間の道具や人間の発明ではなく、有限な人間の内に浸透している存在の現前であると見做していた。彼はソフォクレスのコーラスを検討しながら述べている。「人間は自らの本質において故郷的に存在していることからあまりにも遠ざかっている。それは、自分が言語と理解、建設と詩とを発明し得たのであり、実際に発明したのであるという人間の思い込みを見るならば明らかである。如何様にして人間は、自分に入り込み満たす力を、自らを人間であると為す力を自ら発明し得たというのであろうか[21]」。ハイデガーは言語と思惟において現存在と存在との神秘的な連関を看取している。彼の信念によるならば、西洋の思索者たちの中で、この連関を最初に見て取ったのはパルメニデスであり、ハイデガーは倦むことなく、存在と思惟に関するパルメニデスの言葉を繰り返し引用しているのである[22]。

人間の語りは存在の贈りに依存していることが、『ヒューマニズムに関する書簡』において繰り返されている。「語る以前に、人間がまず存在によって再度呼ばれる（求められる）のでなければならない。かくのごとく呼ばれる時、人間には話すべきことなどほとんど在り得ないという危険が伴っている。唯一かくのごとくにして、言葉には存在の本質における重要なことが再び贈られ、そして人間には存在の真理の内に住まうための住処が再び贈られるのである[23]」。この『書簡』においても、最初に看取されるのは、言語そのものが「存在の住処」であるという記述なのである。後程、我々はこの「存在の住処」という表現を十二分に検討することにする。

言語に関するハイデガーの十分な論述が為されているのは『言葉への途上（*Unterwegs zur Sprache*）』という著作であり、英語の表題も *On the Way to Language* と同様である。ドイツ語版は一九五九年に出版され、六つの小論を含んでおり、それらは一九五〇年から一九五九年までに書かれたものである。この著作において言語は、思惟と同様に、現存在と存在との本質的な連関を成すものと看取されている。ハイデガーの言辞によるならば、「語る能力は、他の能力と並ぶ人間の能力の一つであるというだけではなく、それは人間を人間たらしめるもの」なのである。[24] すでに『存在と時間』において、人間は言葉を持つ動物（*zoon logon echon*）であるという哲学的定義は「理性的動物（animal rationale）」と翻訳されるべきではなく、むしろ「その存在が語るという能力によって本質的に規定される生命体」と翻訳された方が一層十全である、と指摘されている。[25] したがって、語ることが人間の本質的特徴を成しているのである。同時に、言語には存在としての存在の構造の内にその本質的な場が与えられている。「あらゆる存在するものの存在は言葉の内に住んでいる。それ故、〈言語は存在の住処である〉という記述は妥当なのである」。[26] この言辞が意味していることは、存在そのものが人間的言語において語ることになるということだろうか。

言語によって現存在と存在との間に提供されると見做されている深い連関に、ハイデガーは明らかに負うところが大きい。いうならば言語は、現存在の存在からの起源と類縁性とに関する古代の懐思を提供するものなのだろうか。（ここで我々は、思惟と懐思と感謝に関して彼が論考したことを当然のことながら想起する。）あるいは、存在の了解はすでに言語の内奥に隠れているものなのだろうか。（ここで我々は、『存在と時間』の始めにおいてハイデガーが、たとえどんなに曖昧であるにせよ、存在の意味に関するある了解をすでに所持しているのでなければ、存在問題は立てることはできないであろう、と指摘しているのを当然のごとく想起する。[27]）

仮に上記の諸問題に肯定的に解答し得るとするならば、ハイデガーが自らの哲学を構築する際に、言語と、言葉の原初的であると推測される意味と、なおかつ、その語源的連関とに彼がしばしば訴え掛けるのは、それなりの正当性があると思考される。したがって、実際、言語は「存在の住処」であるだろうし、言語は、ある意味では、神のあらゆる豊かさが潜んでいる宝の住処でもあるだろう。かくして、神の言葉に聴き従う、神の言葉に開かれた思惟があるという主張もまた正当であると思われる。

しかし、ここにはかなり論争の的となる事柄がある。何故ならば、ハイデガーの語源学の幾つかは恣意的なところがあり、なおかつ彼の主張には一貫性が全くないといわざるを得ないからである。例えば、重要なギリシア語の Logos を取り上げてみよう。これは直訳するならば、「言葉」あるいは「話」である。『存在と時間』においてハイデガーは *logos* とは *deloun* と同様で「明らかに示すこと」を意味すると述べ、この同一性を用いて現象学の意味を説明している。[28]『形而上学入門』においてハイデガーは、別の系統を取り上げる。彼の主張によるならば、*logos* とそれに関連する動詞 *legein* すなわち「話すこと」は原初的に話と関連はないのである。これらの原初的な意味は集めること、収集することであり、同様のことを我々は同系列のドイツ語 *lesen* の内に看取する。それは「集めること」であり、また「読むこと」である。シュヴァルツヴァルトの森で木々を拾い集める人は *Holzleser*（薪拾い人）である。[29]『何が思惟と呼ばれるか』に移るならば、*logos* と *legein* の三番目の意味が説明されているのを見出す。そこでハイデガーは、これらの言葉がドイツ語の動詞 *legen* と同属であり、それは「置くこと」「置いたままにしておくこと」である、と説明する。彼はパルメニデスの言葉「*chre to legein*」を「有用であること、我々の前に置いたままにしておくこと」と釈義している。[30] 私がここで主張したいことは、仮に *logos* のこれら三つの解釈に賛同し得る為に、ハイデガーにその証拠を要求したとしても、彼はそれを提示し得ないに違いない、ということではない。しかれども、彼が自分自身の哲学的立場に上手く適合するように翻訳しているとある程度怪しみ、さらには疑念を抱くことは容易なことなのである。

存在問題の中心においてハイデガーが行った言語的な論述に関して熟考するならば、さらなる疑念が生じてくる。「我々」が動詞「ある」のなんらかの形式を用いないならば、わずかな文章さえも語ることができないことは真実である。このことは次のことを示唆している。「ある」の意味を正確に述べることは困難であることを我々は理解しているが、それにも拘わらず「ある」の意味に関するある程度の了解を我々は所持しているのである。しかれども、「この了解を主張する〈我々〉とは誰であるのか」、と問わざるを得ない。答えるとするならば、我々とはインド・ヨーロッパ語を話す者のことである。『形而上学入門』における「〈ある〉という言葉の文法と語源学」に関する章で展開された議論は、唯一ドイツ語とギリシア語に関わるものである。なる程、ハイデガーの示唆によるならば、哲学にとって労するに値する唯一可能な言語はドイツ語とギリシア語なのである。しかしながら、これにあらゆる人が賛同する訳ではないだろう。セム語はどうなのだろうか。さらにロシア語のごときインド・ヨーロッパ語はどうなのだろうか。ロシア語では〈ある〉という語は用いられるとしてもごく稀なことである。確かに、聖トマスが指摘しているがごとく、「存在」は我々が述べるあらゆるものに含まれ、考えられている。[31] しかし、このことを明らかにするにはさらなる言語的な証明が必要とされるだろう。

ちなみに、ハイデガーが語源学的な、あるいは言語学的な考察から哲学的主張を導出する試みは、アングロ・サクソン系の哲学者が「日常言語」に没頭しているのに匹敵するかもしれない。ハイデガーとこれらの英語を話す哲学者たちとは相当異なった仕方でその原則を適用するのではあるが、我々が語る仕方には豊かな知恵が隠されているという点では両者は一致していると推考される。さらに、言語は誤り易く、暴露するよりは隠蔽するものであるという点に関しても両者は一致しているのである。

『言語への途上』という著書には自伝的な言及がかなり含まれており、それらの幾つかは、ハイデガーのキリスト教と神学に対する関係に特別な関心を抱いている我々にとっては重要である。それらの一つとして、ハイデガーとある日本人学者との対話が記録されている。対話の途中でハイデガーは、最初の頃の神学校における言語学的で解釈学的な研究に関して想起しながら、次のことを率直に認めている。「神学的な出自がなければ、私は決して思惟の道に至ることはなかったでしょう」[32]。同じ対話の後方で、日本の訪問者は、「我々にとって、空（*das Leere*）とは貴方が存在と称していることの最高の名称です」[33]、と語っている。この見解はハイデガーと神秘主義との関係に関する問題を引き起こすものであり、日本において、ハイデガーがニヒリズムである、と決して疑われることのない理由を説明する手助けとなるものである。

前章において我々は、素晴らしい芸術とその役割に関するハイデガーの見解を考察した。彼の見解によるならば、現存在が自らの技術によって締め付けられ脅かされている時、現存在を更新する役割を果たすのは芸術であり、なおかつ彼の信念によるならば、かくのごとき芸術の中でも詩が第一の場を占めていると、我々は教授されたのを改めて想起する。[34] したがって、ハイデガーが言語に関して論じたことに注目した現下において、我々は存在を顕著に照らし出す言語の特殊形態である詩に関して精査する地点にいるのである。

幾つかの予備的な注意が必要である。遡ること一八世紀に、ドイツ人の風変わりな文学者ヨハン・ゲオルク・ハーマン（一七三〇－一七八八年）が、人間の最も原初的な言語は詩であるという説（もっとも今日ではあまり広くは支持されていない説であるが）を説いていた。「詩は人間の母語であり、それは、庭が原野よりも、絵を描くことが文字を書くことよりも、歌うことが朗読よりも、比喩が推論よりも、交換が商業よりも古くあることと同様である」[35]。ハイデガーは少なくとも人生のある時期にこの説を受け入れている、と推考される。ハイデガーは、言語といったものの始まりは偉大であるが、それはただちに失われ、創造的瞬間を反復し取り戻すことで、再びその偉大さを奪回するように務めなければならない、と信じていた。[36] このハイデガーの信念は明らかに先のハーマンの説とよく合致する。「原初的な言語は詩であり、詩において存在は確立される」[37] というハイデガーの主張の背景には、ハーマンと類似した幾つかの観念がある。現存在の時間的で歴史的な存在者としての出来は言語に、特に詩的言語に依存するのである。

しかし、ハイデガーは詩一般に関して言及しているかのごとくに時々語るのであるが、実際は、ある一人の詩人、すなわちフリードリヒ・ヘルダーリン（一七七〇－一八四三年）の詩に嘱目していた。このドイツの詩人はヘーゲルと同時代人であり、三〇歳代に精神分裂病を患い、生存中、そして一九世紀終わりまで、ほとんど世に知られることはなかった。しかし、キルケゴール同様、彼は二〇世紀に、特に一九一三年に詩集が出版されて以来著名となり、[38] ハイデガーも、ヘルダーリンに魅了され、魂を奪われた人たちの一人となったのである。何故ハイデガーはヘルダーリンに魅了されたのであろうか。推量するに一つ目の理由は、ハイデガーが思索と言語に関する研究において到達した詩の役割に関する理解と同様のことをヘルダーリンが保証していたからである。ハイデガーの主張によるならば、ヘルダーリンは「抜きん出た意味で詩人の中の詩人」、いうならば、自分の詩人としての活動に関する理解を熟考し解義した詩人なのである。第二に、ハイデガーは彼の詩人を神々と人間とのある種の仲介者と見做していた。これが何を意味しているのか、後程少しく考察することにする。三番目の理由は、ヘルダーリンが詩の中で、ハイデガーと相当近い仕方で、西洋の歴史における今の時代を詠んでいるからである。両者ともニーチェの「神は死せり」という主張に同調することを好しとしないが、現代における神の不在に気付いており、その原因は神の死去にあるのではなく、むしろ神の退去にあると考えている。四つ目は、ヘルダーリンもハイデガーも、ギリシア人と、ギリシア人の内で起こった西洋文化と西洋文明の原初的な衝撃とを限りなく敬愛していたことである。推考するに、両者ともかつては神学生であったということも、相当意味深いことであるだろう。晩年、ヘルダーリンの詩はギリシア的価値観から遠ざかり、キリスト教的価値観へと移行していった。同様のことがハイデガーにも妥当するのかどうかは、いまだに検討を要する点である。しかれども、現下においては、以上の四つの点をヘルダーリンの詩の幾つかの詩句を例示することによって、私は一層詳細に説明することを試みることにする。また適切と思われる箇所では、その詩に関するハイデガーの注釈も用いることにする。

最初の点に関して、ヘルダーリンのかなり後の作品から二行を引用する。それは、詩人ヘルダーリンが精神的に混乱をきたした時、彼の親しい友人によって編纂せざるを得なかったものである。

Voll Verdienst, doch dichterisch wohnet,
Der Mensch auf dieser Erde.

これを英語に訳すことは容易ではない。明らかに、最初の二語と詩句の残りの部分との対照が意図されている。ヘルダーリンの意図を生かして下記のごとくに翻訳すのが適切ではないかと、私は考える。

Though he has to earn a living,
Man dwells poetically on this earth.

功業にみちて、だが詩人のように
人間はこの地上に住む。(訳15)

これは何を意味しているのか。彼、彼女の時代のほとんどの人たちにとって、人間は、ハイデガーが「日常的」実存と称したことに、すなわち日々繰り返される仕事と労働に従事しているのが常である。しかれども、本当の人間的生活にはそれ以上のものが必要とされるのであり、ここではそれが「詩的な」次元と称されているのである。この次元において事物は、存在の明かりの内で自らの内的真理と美しさにおいて看取されるのである。日常的と詩的という二つの経験の違いは時間性と時間の経験における違いとして表現することが可能である。詩（あるいは詩に近い言語）が始動する時、時間は無関係的、すなわち単に外的に関係する一連の「今」であることを中止し、過去は保持され、省察と懐思（*Andenken*）において回帰しつつ現在を揺り動かし、未来となって我々に至るのである。(39) かくのごとく我々は時間的な存在者となり、過去と現在と未来との三つの「脱自態」の内に生きることになるのである。このことが（本来的可能性の反復として）歴史を可能にするのであると、我々は聞き及んでいるが、推量するに、この論点はハーマンの言語論によるものではないのである。

二つ目の点に関しては、ヘルダーリンの『帰郷』という詩がわけても明瞭に示している。詩人ヘルダーリンは外国へと去り、そうして再び故郷へと帰ってくる。彼がスイスから故郷のドイツへとコンスタンツ湖を渡ってくるのを、我々は目にする。これは詩人の実存様式である。彼は生まれた土地を去り、外国に逗留し、そうして学んだことを分け与えるために戻ってくるのでなければならない。ヘルダーリンは文字通りにかくのごとき旅をしたが、その様式は比喩的に理解されることができる。ヘルダーリンとハイデガーの両者にとって、詩人は間を行くものである。すなわち、詩人は神々と会話し、人々への神託を携えて帰ってくる。これは、預言者や宗教の創始者に見られるのと同様の様式である。啓示はそれ自身においては言語を絶するものであるが、啓示を担う者はそれを言葉へと解体する。ハイデガーとヘルダーリンとにおいて、その解体の働きは詩人に課せられている。詩人は宗教において神々と人間との間で働くのである。天の火にさらされ、それを仲間へともたらさなければならないというのは、耐えがたき実存である。

されど我らにふさわしきは、詩人らよ、
神の雷雨が下　頭をさらして立ち、
父なる神の稲妻を、稲妻そのものをおのが手もて捉え、
天の恵みし贈り物をば、歌に包みて
民の手に授け贈ること。(訳16)

しかし、啓示に関するこの詩的説明には何かしら抜け落ちていることがあるように思える。それは、

倫理的内容である。詩人は聖なるものを名付け、真理と美とを開くが、イエスやモーセ、ムハンマドや仏陀において看取される正義や愛への呼び出しは一体何処にあるのだろうか。

三番目の点である時代の印、特に神の不在に関しては、それが印象的に語られているヘルダーリンの『パンと葡萄酒』という詩に注目してみよう。

だが友よ、僕たちは遅すぎてきたのだ。いかにも神々は生きているが、
でもそれは僕たちの頭上の別の世界にだ。
神々はそこでたゆみなく働いているが、われわれが生きているかどうかなど
ほとんど気にかけぬように見える。かくも天上の者らは我々をいたわり給うのだ。(訳17)

ここにハイデガー自身の教説と近しいものを我々は認めることができる。神は死んだのではなく、神は自ら退いているのである。この点に関しては、次の章で再び取り上げることにする。

最後の四番目の点は、ヘルダーリンとハイデガーの思索におけるかなり濃厚なギリシア的色調に関わるものである。過ぎ去りし「神々」とは誰であり、来たれる「神々」とは誰であるのか。おそらく、字義通りに、ゼウスやアポロンやポセイドン等の神々ではないだろう。もっとも、運命（*moira*）はギリシアの神々を越えていたのであり、そしておそらく存在は、ある種の運命として、ハイデガーが神や神々と称しているものを超えているのである。それ故、なおかつハイデガーは、

聖なるものは神々よりも古いといい得るのである。「聖なるものは、それが神的であるが故に、聖なのではない。むしろ神的なものは、それがそれ自身にとって相応しい仕方で〈聖〉であるが故に、神的なのである」。これは、『ヒューマニズムに関する書簡』における「神」の意味に関する不可思議な問題を想起させる。[40] しかし、この色濃いギリシア主義、そして、神を超える究極なるものという考え故に、ハイデガーは結局キリスト教的思想と相容れなくなるのではないだろうか。答えるに、あまりにも急いて結論を導出してはならないと、私は主張したい。かなり使い古された「神」という名称の背後に、また我々の概念把握を超えたところに、神のごときものが存在すると考えたキリスト教的思索者たちが、彼らの全員が神秘主義者ではないのだが、いたのである。「神を超えた神」に関して語ったディオニシウス・アレオパギタがおり、またかなり最近ではパウル・ティリッヒがいる。さらに、偉大なカトリックの神学者であるカール・ラーナーがいる。彼は時々、名もなき神、言語を絶する神に言及している。この問題を追求し得るのは、ハイデガーが人生も終焉に近くなって頻繁に語った次の一文に関して考察し終えた時においてのみである。「ただ神のごときものが我々を救うことができる」。

第七章　ただ神のごときものが我々を救うことができる

本書の先の諸章において、ハイデガーの思索の経緯を、フライブルクにおける学生時代から初めて、それに続くマールブルクとフライブルクにおける教歴へと辿ってきた。ハイデガーは一九三〇年代における国家社会主義への参与を理由に、第二次世界大戦後停職処分を受け、五年間の中断の時期があった。しかし、この参与は重大な「積極的な」ものであったとは判断されず、一九五〇年に教授職に復帰し、その後はかなり生産的な一〇年を送った。一九五九年には引退を迎えたが、それ以後も執筆や講演活動を続けた。我々がこの章において考察するのは、ハイデガーの研究活動のこの最後の時期に関してである。

この章の表題として「ただ神のごときものが我々を救うことができる（*Noch nur ein Gott kann*

uns retten)」という一文が挙げられているが、それはこの時期のハイデガーがしばしば口にしたものであり、最後には、ドイツの有名な雑誌『シュピーゲル』の記事のタイトルになったものである。その記事はハイデガーとの最後の交流となるものであった。この記事に関しては後に詳細な検討が求められるだろう。それまでの間、この記事のタイトルに関していい得ることは、それだけではあまり多くのことを教えてくれるものではないということだけである。ただしこの一文の緊迫さは理解し得るものである。何故ならば、世界はいまだに「冷戦」の最中にあり、一九六二年の終わり頃にはキューバのミサイル危機によって、アメリカ合衆国とソビエト連邦とが核戦争の瀬戸際にまで追いやられていたからである。おそらく、ハイデガー以外の他の多くの人々も、ただ神のごときものが人類を自己破壊から救うことができる、と考えていたのである。しかし、これらの人々の内のどれだけの人々が、ハイデガーと同様の意味においてこの一文を理解していただろうか。既述のごとく、実際、ハイデガーは初期のカトリックからニヒリズム的な無神論のごときものを介して、より一層宗教的であろうとする哲学的立場へと移行しているように見受けられる。その宗教的な哲学的立場は、ハイデガーの用いる語彙から判断されるが、この点に関しては、我々は「そのように見受けられる」としかいい得ないのである。

例えば、ハイデガーが「ただ神のごときものが我々を救うことができる」という際に、彼は「神」という言葉で何を意味しているのであろうか。「神」という言葉でハイデガーは、大抵のキリスト教神学者たちが「神」という言葉において理解していることを考えている、と想定するのはあまりにも単純である。ハイデガーはサルトルがあまりにも早急に無神論に与すると批判する一方で、自分自身は無神論者でも有神論者でもないと述べているのを、我々は想起する。[(1)] ハイデガーが「神」という言葉を用いる時、彼は大抵の場合仮定的な仕方で用いているのである。それ故、例えば、彼が神は時間的であると語るとき、この一文は「仮に神が存在するとしたならば、神は時間的である」、あるいはおそらく「キリスト教とユダヤ教の信仰における神に関して考えるならば、この神は時間的であると考えられる」と解釈されるべきなのである。

多くの著作者たち、特にハイデガーの思惟に魅了された神学者たちは、彼の諸作品を介して神の概念を探求してきたのである。それの好例としてカトリック的であるが、『ハイデガーと神の問題』[(2)]という重要な論文集がある。著者たちはその見解において主にカトリック的であるが、互いに同意し得る結論には至っていない。実際、同意に至ることを誰も期待はしていなかった。私自身もハイデガーにおける神の概念に関して探究を試みてみたが、不確定な結論にしか至れなかった。[(3)] しかし、私のその著書における結論は少なくとも正当な方向を示していると思われるので、その理由を捕足しながら、その結論をここで再考することにする。

しかし、いわゆるハイデガー哲学なるものを彼の研究業績の末端に至るまで適切に整え纏め上げることは不可能であり、このことは強調されるべきである。何故ならば、かくのごとく纏め上げることは、自らを思索者と称するハイデガーの意図と全く対照的なものだからである。彼が目指したのは包括的で完結した哲学ではなく、思惟の道を歩むことであり、その道は時には彼の期待とは違っていたりもするのである。幾つかの道は、メスキルヒの野の道のごとく、[4]再び出発点に戻って来てしまう。想起するに、ハイデガーはブレンターノの著書『アリストテレスにおける存在者の多義性について』[5]に触発されて思惟の道に歩み出したのである。一九七六年、死の少し前に、ハイデガーは、計画された自分の決定版全集の書き終わることのなかった序文において、これらの作品が「存在への多方面に渡る問題を変転しつつ問うこと」の途上にある、と述べている。[6]推考するに、正にここでは、終わりが始まり、おそらく新たなる始まりとなっているのである。何故ならば、ハイデガーの信念によるならば、実体概念を巡って構築された伝統的哲学はすでに終焉に至っているが、しかれども、このことは新たな始まりの可能性でもあるからである。その始まりとは、ソクラテス以前の思索者たちが探求していたのと同様の始まりであり、彼らの仕事が脇に追いやられ、存在問題が存在者への排他的な関心に向かうことになる以前における始まりなのである。

この章において集中的に検討されるのは、ハイデガーの研究活動が終わりに近づいてきた頃の三つの作品に関してである。『時間と存在』はかなり小さな作品であるが、それは特に関心を引くものである。何故ならば、それは明らかに『存在と時間』の表題を反転させたものだからである。もっとも、『時間と存在』は、初期の『存在と時間』の完成にハイデガーが失敗することで生じた断絶を埋め合わせるものではない。しかれども『時間と存在』は、本書の全過程を通して我々の心に残存してきた主要な諸問題における二つの問題に関して重要な貢献をするからである。その問題とは、時間と時間性の問題と、神の問題とである。この小品は一九六二年に成るとされている。次の作品も小さなものであるが、その表題はとても長いものである。表題は「〈現代の神学における非客観化的な思索と言表の問題〉に関する神学的討論――その主要な観点に対する若干の指摘」である。この小品は、ニュージャージー州のドリュー大学で開催された神学者協議会の為に、ハイデガーが特別に著したものである。その際、私自身が協議会に参加する栄誉に与ったが、後述するごとく、推考するに、そこでも再び、終わりは始まりを、新たな始まりを我々にもたらすのである。この小品は一九六四年に属するものである。最後に検討されるのは、すでに簡潔に述べてあるが、『シュピーゲル』誌の記事である。この記事には、一九六六年に為されたハイデガーと二人のジャーナリストとの対談が掲載されている。この対談は、ハイデガーが逝去するまでは公表されないことを条件に実施されたものである。それ故一九七六年に公表されたのであり、この記事はおそらくハイデガーの最後の公式な言辞であると見做されても妥当であろう。

最初にハイデガーの講義『時間と存在』を考察する。(7) ハイデガーは、この仕事が困難であると警告することから始めている。例えば、パウル・クレーの絵画を観て、ただちにそれを理解することは多分ないであろう。観て、研究し、思索する為の時間が必要なのである。同様に、ゲオルク・トラークルの詩を読んだ時、ただちにその意味がもたらされることはないであろう。詩の意味を熟考する為にかなり長い時間を必要とすることであろう。全く異なる領域であるが、ヴェルナー・ハイゼンベルクによる理論物理学における発見は、おそらく大抵の人には理解不可能だろう。持続的な厳しい思索の努力によってのみ、それは理解し得るようになるのである。哲学において事態は全く異なっていると期待し得るものだろうか。存在と時間、時間と存在、これらは極めて把握し難く、それらの関係も把握し難いものである。ハイデガーの哲学的営為の全時期を通して耳朶に触れてきたことは、存在は物ではなく、それ自身は存在者ではなく、したがって、厳密な語法からするならば、「存在は……である」とさえいえないのである。時間に関しては如何様であるのか。時間も物ではない。全ての物は時間を持つといわれるが、時間はある物が持っている他の物ではないのである。時間と存在は非実体的な影のごときもの、非‐存在者と思われる。おそらく、時間と存在との関係が如何様であるのかを理解することを試みる前に、一九二九年の「無」に関するハイデガーの講義「形而上学とは何であるか」に戻ってみる必要があるだろう。少なくとも、この講義の「後記」の幾つかの文章を想起してみよう。「科学が存在者をあらゆるところで、いかに深く探求しようとも、科学は存在を決して見出さないであろう。いかなる時でも科学が出会うものは全て存在者である。何故ならば、科学の説明的な意図は最初から存在者へと方向付けられているからである。しかし、存在は存在者の実在的質でもなければ、存在は存在者とは違って、対象的に設定され概念把握されることも不可能なのである」。さらに、「あらゆる存在者に在ることの保証（*Gewahr*）を授けるもの」は、正にこの存在者‐で無いもの（non-entity）なのである。[8]

推考するに、時間は存在に比べてさらに実体的ではなく、把握するのも困難である。時間は物ではなく、仮にいうとするならば、時間は物が生じて消滅するところである。ある意味においては、時間そのものが過ぎ去ってゆくが、別の意味においては、時間の内で過ぎ去るのは物だけであり、一方、時間は時間として留まるのである。

時間と存在との関係に関して、ハイデガーが注目するのは現前という観念である。彼の主張によるならば、「西洋あるいはヨーロッパの思想の始まりから今日に至るまで、存在は現前化と同じことを意味している」[9]。現前とは現前化していることをいうのであり、したがって、存在は時間によって、時間は存在によって規定されているのである。ハイデガーの言辞によるならば、「存在と時間は互恵的に規定し合うが、それは、前者である存在が時間的なあるものとして呼び出され、後者である時間が何か存在するものとして呼び出されるというごとき仕方ではないのである」[10]。

上記のごとく、推考するに、我々がクレーの抽象画の意味の理解に努めたり、トラークルの曖昧な詩に頭を抱え込んだり、ハイゼンベルクの定理の理解に努めたりするのと同じ位に熟考するように、我々の思惟のペースを落とすことに、ハイデガーは成功している。彼は袋小路からの脱出を成し遂げたか、あるいは、少なくとも初期の思惟のある点を喚起することによって脱出を試行しているのである。「存在がある」「時間がある」ということはできないのであるが、「それは存在を与える」「それは時間を与える」とはいい得るのである。「それは存在を与える」という表現は我々を『存在と時間』へと引き戻し、さらに『ヒューマニズムに関する書簡』[11]において、それは叙説されているのである。ドイツ語における*Es gibt*（それは与える）の*Es*は大文字で書かれている為、私もこの点においてハイデガーの例示に従うことにする。ハイデガーの言辞によるならば、「それとその贈りとを明らかにすることを試行する為に、〈それ（Es）〉を大文字で書くことにする」[12]。かくして、我々は「それは与える」に留意することになり、「それは与える」は存在と時間の源泉であると思われる。「それは存在を与える」とは、現前化していること、隠蔽されていないこと、現存在が明るみの内へともたらされていることを意味する。ここで、ハイデガーは言葉にその極限までの負担を強い、なおかつ、人は何かかなり重要なことがいわれているのか、あるいは、単に自分が彷徨しているだけなのか、と不思議な気持ちで取り残されてしまう。ハイデガーの主張によるならば、「存在を明瞭に思索するには、その贈与の為に、……すなわち〈それが与える〉為に、存在者の根拠としての存在を放棄することが我々に求められる」。これ以上ハイデガーの多少煩瑣な言葉の引用はしないで、彼の主張の要点が明瞭になることの手助けとなる類比を提示することにする。神学の言葉に親近感を覚える人たちにとっては、次のごとくにいわれているようなものである。「神に関して明瞭に思索するには、あらゆる被造物を捨象して神に関して考えなければならない」、別言するならば、創造されたあらゆる被造物から離れて、純粋な創造の行為に関して考察するようにしなければならないのである。これによって考察しなければならなくなるのは、存在と存在者との存在論的差異であり、神学的に表現するならば、神と被造物（*ens creatum*）との差異である。人間はかくのごとき思索の次元に到達し得るのだろうか。推測するに、神秘主義者はある忘我的飛躍においてその次元に到達し得るのである。おそらくプロティノスやエックハルトはそれを為し得たのであり、さらにハイデガーも為し得たのであろう。私はこれらの問題を決するには及ばないのであり、ハイデガーが教示していると私が信じていることを報告しているだけである。ハイデガーは、存在は「それは与える」ことの贈りであり、存在はその贈与に属するのである、と明確に述べている。「それは与える」はハイデガー哲学において究極のものである。推測するに、我々は「それは与える」に関しては何かしらのことがいい得るのだろうが、仮にその源泉、すなわち正確にいうならば「それ」であるところのものに至ってしまったと推測されるならば、我々はもはや、それが「ある」とさえいい得ないのである。

ハイデガーが存在に関して用いる言語と類似したものを見出す為には、我々は新プラトン主義者に戻る必要があり、別の箇所で私はすでに論じておいたが、[13] ハイデガーは概して新プラトン主義者の伝統の内に立っている。ハイデガーが存在の身分に関して述べていることは、エリウゲナが神に関して述べていることに著しく類似している。エリウゲナが神に関して用いる形容詞は「超実体的」というものである。「それが意味しているのは、実体ではなくて、実体を超えているということであるが、しかし、その実体を超えているものが何であるのかは示されない。何故ならば、それは、神が存在するものの一つではなく、存在するものを超えてあるということであり、なおかつ、その〈ある〉が何であるかは決して規定し得ないからである[14]」。推測するに、ハイデガーと新プラトン主義との連関はマイスター・エックハルトにおいても看取されるのであり、おそらくその連関はハイデガーが中世思想に没頭していた最初の頃に確立されたのである。『ヒューマニズムに関する書簡』に関して考察をした際、『書簡』が書かれた当時ハイデガーにとって存在は、たとえ神ではないにしても、神の代名詞であったと、私は推察した。何故ならば、存在に関して用いられる言語があまりにも宗教言語と類似しているからである。もっとも、明確に『書簡』において、存在は神ではないとハイデガーは述べているのであるが、しかれども、存在は神の代わりを成していると主張しても、それは妥当なのである。何故ならば、解釈学では暴力は認められるとハイデガー自身が主張しているが故に、自分の諸著作にハイデガーが望んでいなかった意味が見出されると主張する読者がいても、ハイデガーはほとんど反論し得ないからである。しかし、〈それは与える〉は存在を超えた究極のものであり、推考するに、大抵は神として理解されているものにそれは接近している。キリスト教神学において、神は愛である。ハイデガーにおいて〈それは与える〉は贈与の行為、すなわち寄進であり、彼の教説によるならば、存在を贈与する〈それ〉は存在そのものであるが故に、贈与の行為は自己贈与の行為なのであり、主要な観点において愛と異なるものではないのである。

〈それが与える〉が存在と異なるのかどうかは論争の余地がある。〈それが与える〉が行為であり、主として動詞的な意味を持つのに対して、存在は動名詞ではあるがやはり名詞である。動詞的意味は重要であり、それは、最高の範疇としての実体という発想から乖離することを要求するハイデガーの望みと重なるものである。なおかつそれは、究極的実在さえもがある意味において時間的であるかもしれないという発想に一致するものである。

上述の諸指摘によって、自分は有神論者でも無神論者でもないというハイデガーの主張に、何かしらの光を当てることができるかもしれない[15]。仮に、人格的で、実体的で、時間を背後に退け、時間を超えている神に関する記述だけが有神論であると制限するならば、ハイデガーは確かに有神論者ではない。しかれども、仮に、神が超人格的であり、実体であるよりも出来事であり、ある点においては少なくとも時間的であると述べることに同意するならば、広い意味で、ハイデガー哲学は有神論的であると主張し得るだろう。ジョン・R・ウィリアムズは「ハイデガーの思想における宗教に関連する諸要素は〈汎神論〉とかなり調和する」[16]と主張しているが、私は彼に同意する方向に傾いている。しかし、ある程度、これは名称や表示の問題なのであり、既述のごとく「ヒューマニズム」の将来に関心を抱く人たちに対してハイデガーが解答を認めた際、彼は表示にはほとんど関心を示さなかったのである。

神という名前さえも、あるいは、神を信じる者である「有神論者」という名称も、推測するに、それ程重要なことではない。実際、「神」はキリスト教、ユダヤ教、イスラム教、その他の宗教にとって第一の実在である。しかれども、「神」という言葉が中心的位置を占めていない宗教も、特にアジアにおいてはあるのである。これらの宗教は、紛う方なき有神論的宗教に劣らず、私が「聖なる存在（holy Being）」と称するものに集中している。そして、この聖なる、あるいは神聖な実在をあらゆる存在者の根底において認識することこそが、宗教にとって必須のことであり、なおかつ、それが宗教と真の無神論との袂を分かつものであると、私は考える。仮にある人が、ハイデガーの思想において神の余地が何処にもないと主張することを望んだとしても、私にとっては、それは術語の問題に過ぎないように思える。ハイデガーの思想において聖なる実在が秘められている事実は、否定し得ることではないのである。

「西洋の思惟の始まりにおいて、存在は思惟されるが、「それは与える」ということそのものは思惟されない。後者はそれが贈与する贈りの為に退き去るのである」[17]。この退去によって西洋思想における「存在忘却」が叙説される。ハイデガーによるならば、存在忘却はかなり初期の段階で始まったのである。それ以来、西洋において現存在は存在者とそれへの思考に没頭し、実体性と手前性の観念に支配されてきたのである。なおかつ、このことを原因として、形而上学が生じてきたのである。つまり、根拠を探求する際に、現存在はその基にある確固たる物のごとき実在となってしまったのである。ハイデガーとカントは二人共形而上学に懐疑的であったが、人間が度し難い程に形而上学的であることを認めていた。しかれども、カントは合理主義者として形而上学的衝動を知的好奇心に帰していたのだが、ハイデガーは形而上学的動機を現存在の歴史的な不確実さに看取していたのである。

『時間と存在』の講義に関して、さらに幾つか注釈が必要とされる。神秘的な「それは与える」から、おそらく存在と他のあらゆるものが由来してくるのであるのだろうが、この神秘的な〈それは与える〉に関して、さらに我々は何かを学び得るのだろうか。少なくとも我々は、それだけでは十分な訳ではないのであるが、「それは与える」に対する名称を教わることになる。「時間と存在の両方をそれ自身において、すなわち、それらが共属していることにおいて、規定していることは何であるのか。我々はそれを性起（*Ereignis*）、すなわち、自らのものになる出来事（the event of appropriation）と称することにする」[18]。この究極の源泉は実体ではなく出来事である。実際、すでに我々が学んだ「それは与える」という名称から、出来事であることは明らかである。しかし、それは「自らのものになる」出来事なのである。それは何を意味するのか。通常においてドイツ語の動詞 *ereignen* は単に「起きること」を意味しており、名詞の *Ereignis* は単なる「出来事」のことである。しかれども、かくのごとき言葉を用いるに際して、ハイデガーは再び語源学を展開し、通常は気付かれていないが、言語や、おそらく思惟においても深く横たわっている諸関係に注意を向けさせている。*Ereignis* はその語幹に *eigen* を含むが、それに対応する英語は「own（自分自身の）」である。もっとも、この *eigen* は *eigentlich* という言葉にも見られ、それは「authentic（本来的）」と翻訳され、「authentic existence（本来的実存）」といわれる。したがって、*Ereignis* は単なる出来事ではなく、自らのものになる出来事なのであり、その出来事においてあることがある人自らのものとなるのである。推考するに、この自らのものとなることは、贈与の行為のもう一つの側面なのである。かくして、次の一文がここで理解し得る。「現前の贈りは自らのものとなることの特徴である」[19]。しかし、ほとんどただちに、現前の授与にも拘わらず、時には退き去ることもある、と警告される。これが何を意味しているのか、後程考察することにする。しかし、我々の差し当たりの関心事は退去にあるのではなく、むしろ現前や現前化に関してなのである。存在は自らを何に対して現前化するのか。明らかに、それは現存在に対してである。現存在は明るみである存在者、光が射してくる場、非隠蔽性へと、すなわち真理の内に在ることへと立ち入る者なのである。したがって、自らのものとなる出来事という発想は、ハイデガーの思惟における多くの事柄を集約しているのである。それは正に、ハイデガーが「集約すること」として理解していたLogosの例証なのである。

ハイデガーの後期の著作である三つが、この章で論議されることになっているが、その内の二番目のものへ移ることにする。それは、ニュージャージー州のドリュー大学で開催された神学者協議会の為にハイデガーが書いたものである。それは一九六四年の初め頃で、神学における非客観化的な思考と言表の問題に関するものであった。[20] この協議会へのハイデガー自身の出席が期待されていたのであるが、実際、彼が決断したことは原稿を送ることだけであった。

推測するにハイデガーが招待された理由は、神学者における神‐言語とハイデガーにおける存在‐言語との間に何らかの類似性が認められるからである。ティリッヒやブルトマンのごとき現代の神学者の多くは、神は思想において客観化し得る存在者ではなく、神はある種の経験において唯一知られるものであると主張する。その経験とは、要請（ブルトマン）、深遠（ティリッヒ）、聖なるもの（オットー）である。ハイデガーの立場からするならば、存在は存在者で「ある」のではなく、なおかつ客観化され得るものでもなく、不安や心配といった経験を介して知られるものなのである。それ故、神に関する理解可能な言語を探求している神学者たちにとって、ハイデガーがそれの助けに成り得ることを、彼らは期待していたのである。

概して、神学者たちは失望したといわざるを得ない。何故ならば、この一九六四年に神学に関していわれたことは、先の一九二七年にハイデガーが行った神学に関する講演の内容と何ら変わるところがなかったからである。すなわちいわれていたことは同じ次のことなのである。神学と哲学とは全く違う企てであり、神学者は自分自身の問題を解決すべきであり、仮に哲学に由来する諸観念を導入するならば、それは単に自分自身に混乱を引き起こすだけである、と。

ハイデガーは三つの問題が検討される必要があるとみている。

(1) 神学自身が自らの主題として持ち得ることは何であるのか。彼は四〇年前に成したのと同じようにこの問題に答えているのである。神学はキリスト教信仰の解明に関心を抱き、信仰の主張に適した言表と思考の方法を発見しなければならず、なおかつ、その方法は信仰の主張に異質な諸観念を投入しないことである。[21] 以上のことは神学者自身が解決すべきことである。

(2) 非客観化的な思索や言語に関して話す前に、「非客観化的」という形容詞において意味されていることが何であり、なおかつ、あらゆる言語や言表が客観化的なのであるのかどうかを問う必要がある。仮にあらゆる言語が客観化的であるならば、問題全体が崩壊することになる。[訳18]

(3) 上記でいわれたことからするならば、次のことが決定されなければならない。「事態の周りをただ回旋して、神学の主題から逸脱していき、不必要に神学を混乱させる」[22] 擬似問題に、我々は従事しているのではないのだろうか。仮にそうであるならば、この協議会は盲目的に道を歩み始めているることを示唆しているのではないだろうか。しかれども、ハイデガーの信念によるならば、ある積極的な結論が導出されるのである。「神学は自分の主要課題の為の必要条件を最後には決定的に明確に理解することだろう。その必要条件とは、神学的思考の範疇と神学的言表の仕方とを哲学や他の諸学から借用するのでなく、自らの主題に忠実に、信仰の為に信仰を思考し語るということである。仮にこの信仰が自らの力強い確信によって人間としての人間に彼の真なる本質において関与するのであるならば、純粋な神学的思考と言表は、人々に及んで、彼らに聴聞される為に何か特別な装備（*Zurüstung*）を必要とはしないのである(23)」。

続いてハイデガーの言辞によるならば、三つの問題の内の二番目の問題に関して答える為に、幾つかの「指示」を与えることを彼は意図としているのであるが、自分の指摘が「ありもしないハイデガー哲学の見地から言明される教条的命題(訳19)」ではないことを、彼は明確にしておきたかった。

既述のごとく客観化的思考は、ハイデガーが当初の諸著作において批判していたものである。かくのごとき思考においては、物や人間さえもが、観察やおそらく計算の為に、我々の前に措定された数々の項目になる。ハイデガーの術語を用いるならば、手前に存在するもの、手許に存在するものとなる。ハイデガーの指摘によるならば、思考と言表のこの事態に関して、現代哲学においてある種の緊張がある。その緊張は、神学者たちが神－言語に関して抱いている困難に幾つかの点で類似しているのである。（ハイデガーは一九六四年に記しているが）哲学におけるその緊張は、ルドルフ・カルナップにおいて代表される一方の極と、ハイデガー自身において代表される一方の極の間にある。前者カルナップの主張によるならば、あらゆる有意味な言語は原則的に物理学の言語に還元し得る。後者ハイデガーは、有意味な言語の領域を前者に比してかなり広範囲に認めている。ハイデガーはこれらの二つの極を、技術的－学術的な言語観と思索的－解釈学的言語経験と称している。どちらの立場も、言語はあらゆる哲学的思考やその他の思考が生じてくる領域であると主張する。「いかなる仕方で、いかなる程度でこの論争に関わることができるのか、あるいは関わるべきなのかの決定は神学自身に任されていることである」[24]。この論争は、いうならば、唯一言語だけではなく、人間の実存全体への問いに関わるものである。

この客観化する言語の極端な表現は物理主義であり、言語実証主義であり、長きに渡って具体化されてきている。しかしながら、客観化的言語は、ハイデガー以前においても、ニーチェやベルグソンといった哲学者たちによって異議を唱えられ続けてきた。二人が強調したのは「生成」の重要性であり、それは実体や物性を支配的範疇とする言語においては適切に表現し得ないということである。ハイデガーのさらなる主張によるならば、検証であれ、他の手段であれ、それによって成される証明や論証は、ある場合には適切であるが、他の場合には適切ではないのである。「批判的に思索するとは、次のことを不断に区別することを意味する。すなわち、正当化の為に根拠を必要とするものと、真理を確認する為に単純な直観と受容とを要求するものとの区別である」[25]。もっとも、このことは真理を非隠蔽性とするハイデガー自身の教理である。ハイデガーは自然科学の処理方法を決して否定はしないが、「決して客観化しない思考と言表がある」と主張する。ただちに彼は次の例を持ち出す。「我々は、オリンピアのアポロンの像を自然科学的な説明対象であると実際見做すことは可能である。その大理石の物理的な重さは量ることは可能であり、その化学的な構成を検査することは可能である。しかれども、この客観化する思考と言表は、自らの美を示し、かくのごとくにして神の面立ちを現わしているアポロンの姿を捉えることはないのである」[26]。

上記のごとくハイデガーの信念によるならば、「あらゆる思考が思考として客観化的であるという主張には根拠がなく、それは現象の軽視によるものであり、批判の欠如を迂闊にも暴露しているのである」[27]。しかれども、技術の現代において、客観化的な思考と言表の様態が人生のあらゆる領域に広がり、言語にも生にも悪い影響をもたらす危険があると、ハイデガーはみている。

ハイデガーの原稿は神学者たちにある慰めをもたらし、さらなる議論の為の幾つかの着想を与えたかもしれない。しかし、原稿の終わりの部分において、神学は明らかに自然科学ではないとハイデガーは主張し、さらには、果たして神学が学であるのかどうかと疑っている。おそらく、神学は詩に近いのであり、少なくとも幾つかの点においてはハイデガー自身の哲学に近いのである。何故ならば、ハイデガーの見解からするならば、確かに詩は「非認識的」ではないが、彼自身の言葉を用いるならば、むしろ詩は「非客観化的思考の顕著な模範」であるからなのである。

遂に我々は、『シュピーゲル』誌上の記事「ただ神のごときものが我々を救うことができる」[28]に辿り着いた。すでに私はこの記事が書かれた状況と、それがハイデガーの読者に対する最後の言葉であるかもしれないことを示唆しておいた。

記事の大半は、ハイデガーの国家社会主義への関わりに関するある種の尋問である。この問題は、雑誌の大抵の読者たちにとって、彼の難解な哲学議論に比べれば、一層興味深いことであるのは明らかである。既述のごとく、これらの政治的な問題は、本書の最終章において検討することになっている。しかし対談の後半において、ハイデガーと二人のジャーナリストとの話題はさらに広がっていったのである。ハイデガーは技術時代に関するある種の不安を表明し、人間がこの地上から根こそぎにされるごとき方向にあるのではないかと訴えた。（この対談が為されたのが、いまだに冷戦の最中であったことが想起される。）ジャーナリストの一人が、哲学は何かしらの手助けになるのかどうかと、ハイデガーに疑問を投げ掛けた。「我々を制御している力のネットワークに対して個人が何かしらの影響を与えることができるのでしょうか。あるいは、哲学がそれに影響を与えることができるのでしょうか。両者が一緒になって影響力を持ち得るでしょうか。いうならば、個人の哲学なり、個々人の集団の哲学なりが、我々を決定的な行動へと導くことによって、何かしらの影響力を持ち得るでしょうか(訳20)」。ハイデガーは次のごとく答えている。「簡潔で一般的な解答ですが、長い熟考の末の解答を述べてもよいのでしたら、哲学は世界の現状に直接の変化をもたらすことはできません。これは何も哲学にだけいえることではありませんし、単に人間的であるに過ぎない知性と努力にもいえることであります。今や、ただ神のごときものが我々を救うことができるのです。我々に唯一残されている可能性は次のことです。思惟と詩において、その神が現れてくること、すなわち、低迷の中でその神が不在であること、換言すれば、その不在の神に面して低迷すること、それに対して心構えをしておくことだけなのです(訳21)」。

記者：貴方の思惟とこの神の到来との間には関連がありますか。貴方の見るところでは、そこに因果関係がありますか。貴方のお考えによるならば、我々は思惟によってその神を近くに持ち来たらすことができるのでしょうか。

ハイデガー：思惟によって神を近くに持ち来たらすことなどできません。せいぜい為し得るのは、期待しつつ、心構えを呼び覚ましておくことです。

記者：けれども、我々は助けることはできるのではないでしょうか。

ハイデガー：おそらく心構えが最初の助けでしょう。人間によって、世界が在るところのものであり、かくのごとき在るものであるのではありません。けれども、世界は人間なしにかくのごときであるのではあり得ません。私の考えによるならば、このことは、伝統的ではあるが曖昧で使い古されてしまっている「存在」という言葉で私が称しているものが、自らの顕示と覆蔵と分節の為に人間を必要としているということに依存しているのです。(訳22)

ハイデガーが何をいっているのか、ここで立ち止まって検討しておくことにする。神の到来に対する心構え、というような何かしら終末論的な記述が見られる。しかし、神という言葉はこの脈絡においては曖昧である。ここでハイデガーが考えているのはキリスト教信仰の神であると見做すことは、とてもあり得ることではない。確かに、そう見做すことは不可能ではない。しかれども、私が「とてもあり得ることではない」と述べているのは、既述のごとく、推考するに、ハイデガーは

（少なくとも中期において）キリスト教に比して古代ギリシアに深く心奪われていたからである。ハイデガーは神と同じ位にしばしば「神々」について語る。この対談においてさえも、彼は「神」とはいわず「神のごときもの」と述べている。このことによって、問題が生じる。「何の神なのか」。ハイデガーがゼウスや、ギリシアのあらゆる神々さえをも意味しているというのは、さらにあり得ることではない。推測するに、彼が意味していることは、単なる神的啓示、すなわちある種の顕示、つまり存在の新たな出来事（性起）のことなのである。それ故、私の「終末論的」という言葉の不確かな前置きは問題視されることになる。何故ならば、過去の回復というハイデガーの発想、かつニーチェの永劫回帰説に対するハイデガーの専念が、当然のことながら意味しているのは、到来する神とは、すでに来ているが忘れ去られている神のごときものの新たな到来のことだからであり、しかもこのことはキリスト教の神にさえいい得るからである。あるいは、到来する神のごときものに関する話題は、思惟の新たな好機（*kairos*）、ギリシアにおける思惟の最初の始まりに匹敵する哲学の新たな始まりを示唆するハイデガーの唯一の方途なのかもしれない。しかし、それは、上述の引用に見られるごとく、哲学による世界状況の変革は不可能であるとの明白なハイデガーの告白がある以上、とても承認されることではないのである。『存在と時間』の第二編におけるプロメテウス的発言から、何と遠くまで我々は来たことか！

さて、対談に戻ろう。

ハイデガー：技術の本質は、私が称する「立て組み」にあると、私はみているのですが、この表現は不適切なのかもしれませんし、しばしば嘲笑を買っています。立て組みの力が意味するのは、技術の本質において暴露されている力によって、人間が要請され、挑発され、立て組まれていること、かくのごとくに人間自身は技術の支配者ではないということです。この洞察に至る為に、もはや思惟は必要とされません。哲学は終焉に至っているのです。

記者：かつては、そして昔だけではありませんが、とにかく、哲学は、直接的にはごく稀ですが、間接的には多くの事柄を引き起こしたり、新たな運動の勃発を助けたりするものと考えられていました。ドイツ人に限ってみても、カント、ヘーゲルからニーチェ、そしてマルクスはいうに及ばず、彼らに関して考えてみるならば、哲学は間接的に多大な影響を与えてきたのが立証できます。それでも、貴方は哲学のかくのごとき影響力は終焉してしまっているというのでしょうか。古い哲学は死んでしまい、もはや存在しないと、仮に貴方がいうのであるならば、かつて哲学には影響力があって、その影響力が今日ではもはやなくなっているという考えをそれは含んでいるのですか。

ハイデガー：間接的影響であるならば、別の思惟を介して可能でしょうし、その思惟によって世界の状態は、いうならば因果的に変更されることでしょう。(訳23)

先程、ハイデガーとジャーナリストとの対談の注釈をする為に立ち止まった時、この哲学者が

『存在と時間』や、その時期の他の諸著作において看取されたプロメテウス的態度から乖離してしまっているのを、満足のいく程度に、私は観察しておいた。さて、対談から幾つかの文章がさらに引用されたので、再び立ち止まって見るに、ハイデガーがプロメテウス的なイメージにあまりにも激しく反抗していると不平をいうのは、私の誤りであるだろうか。人間の努力や（哲学者の「思考」も含めて）イデオロギーがそれだけでは人類を救い得ないことに、キリスト教神学は同意するだろうが、推考するに、後期の思惟段階にあるハイデガーはかくのごとき考えさえも遠く背後に押しやっているのである。責任は運命や宿命に任されてしまい、たとえ「神」や「存在」や「性起」の名称で運命や宿命が称されるとしても、それは曖昧なままである。ハイデガーの簡潔な発言を引用するならば、「神が生きているのか、死んだままなのか、それは人間の宗教性によっては判じられないし、ましてや哲学や科学の神学的切望によって決定されるものではない。神が神であるのかどうかは、存在の布置（constellation）の内で、そこから決せられるのである」[29]。おそらく神は、現前することもあれば、同様に、退き去りもするのである。

極論するならば、この見解は運命論となり、その結果、我々は手を拱いて待つことしかできなくなる。しかれども、ハイデガーは決して極論にまで押し進めない。何故ならば、そこには二つの観点があり、それが「別の思惟」を喚起する可能性があるからである。一つは、ハイデガーが承認している次の点である。人間は自ら準備することができる、すなわち新たな到来、神性なるものの回帰の為に、自ら心構えを為し、自らを空けておくことができるということである。神や存在、いかなる呼び名が用いられたとしても、それは単なる専制的な宿命ではない。それは人間を世界の世話の為の牧人として真理の明かりの内に呼び入れ、かくして神と人間とは、世界の危険と可能性とを分け持ち、共に働かざるを得ないのである。もう一つの点は、神と人間とが、あるいはこういっても良いが、存在と現存在とが共に時間的であるということである。それは、両者を超えた一層究極的な実在として時間があるという意味ではなく、両者によって時間は引き起こされるという意味においてなのである。両者が時間を生じるという理由は、両者が不断に広がる未来を投企する為に、時間を必要とするからである。

ハイデガー哲学はキリスト教哲学であると主張することは、おそらく間違いである。推考するに、キリスト教哲学といったごときものは存在しないのである。しかれども、ハイデガー哲学はキリスト教信仰と共存的な仕方で解釈することが可能であり、信仰に対して重要な洞察をもたらすことができるのである。

神性に関する我々のあらゆる表象を超越した神についてティリッヒや他のキリスト教神学者たちが語るのと同様に、ハイデガーが「神々」について語る時においても、神々を超えた究極の神をそこに認められるのではないだろうか。実際ハイデガー自身が記している。神性それ自身は比類なき、言語を絶するものであるが、「神々は神性を呼び招く神使である」、と。(30)

以上のことに関して考察していると、時折心に思い浮かぶ話がある。それはキリストが湖の上をお歩きになったという福音書の話である（マルコによる福音書第六章第四七－五一節と他の該当する箇所)。この話の背後に付帯する様々な出来事があるのであるが、わけても驚嘆すべきは、人間の生に関する比喩であり、それによるならば、人間の生とは、足元に形而上学的な確固とした基盤もなく不安定に生きざるを得ない世界に投げ込まれていることである。そして、湖面を歩いているのはキリストなのであり、教会の信仰からするならば、正に彼は「我々と共にいます神」なのであり、それ故、神もまた湖の上をお歩きになっていることになるのである。神が我々自身と同様に時間の内に存在するとするならば、事態はかくごとくに看取すべきなのである。主教ジョン・テイラーはこの話を次のごとくに注釈している。「神の存在が確実な事実になるところに不安がある。その理由は、神が我々に卑屈な従属を求められているからではなく、むしろ不安が神の自己譲与の為の条件であるに過ぎないからである。宇宙を創造し維持する為に、潜在的な危険のあるものを当てにするような神、その時々で〈ここから何処へ我々は行きましょうか〉といういかなる反逆や失望にも飽くことなく対処する神、かくのごとき神は、全く確実な神であるのではなく、あらゆる希望の神なのである(31)」。

第八章　残された諸問題

この章では、本書の主要な部分に容易には組み込むことができなかったが、同時に無視し得ない三つの問題に関して考察することにする。一つ目は、ハイデガーを翻訳することの難しさである。何故ならば、彼の思想とドイツ語とが密接に連関しているからである。二つ目は、ハイデガーと国家社会主義との関わりであり、それが彼の思想の評価に如何様に影響するのかという問題である。三つ目は、ハイデガーと神秘主義との関係である。

第一節　ハイデガーを翻訳すること

私が『存在と時間』を翻訳することになったのはほとんど偶然の出来事であった。私は英国軍において兵役に服した後、一九四八年にスコットランドの北東に位置するブレチン市の小教区に就任した。そこで、私が以前師事していた教授たちの一人の勧めがあって、推考するに二〇世紀最大の新約聖書学者であるルードルフ・ブルトマンに関する博士論文の執筆を開始した。ブルトマンは当時まだ『新約聖書神学』を執筆している最中であった。私の研究の指導教官であったイアン・ヘンダーソン教授は、仮にブルトマンを理解することを望むのであるならば、ブルトマンの解釈学的方法はハイデガーに負うところがかなり大きい故に、まずはマルティン・ハイデガーの哲学と向き合う必要がある、と忠告してくれた。その忠告にしたがって、私は『存在と時間』を読み始めたが、それが難解であると同時に、熱中させるものであることが分った。私は精神哲学における最高の優等学位を修得していたのであるが、かくのごとき書物にこれまで出会ったことがなかった。『存在と時間』と格闘しながら読み進め、かなり詳細な概要を作成していった。各々の章は、次に続く章を読んだ時に、一層容易に理解し得るようになることを、私は自得した。無論、その時私は、「最終章に来たらどうなるのだろう」と自問せざるを得なかった。

学位論文を仕上げて、その出版準備をしていた時、出版社が、私の次の仕事として、私の概要を基に翻訳を完成させることを提案してくれたので、それに同意した。もっとも、間も無く自分にはこの企てに従事する知性がないのではないかと心配になったと、私は告白せざるを得ない。続いて起こったことだが、アメリカの哲学者で、カンザス大学の教授であるエドワード・S・ロビンソンがすでに翻訳に取り掛かっていることを私の出版社が知って、私たちが共同で翻訳の仕事をするのかどうかの問題が生じたのである。私たちは、共同で作業することで負担が軽くなり、もっと早く翻訳を完成し得るだろうと考えたのである。それ故、ロビンソンと私は当時は会ったことがなかったのだけれども、いうならば「顔を合わせないデート」を繰り返し行ったのであり、それはとても素晴らしい結果となった。何故ならば、私たちは良き友となり、共訳者である彼が一九六八年に交通事故で亡くなるまで、その関係は続いたのである。もっとも、協力すれば翻訳作業は速くなるだろうという私たちの推測は間違っていた。主要な術語や難解な文章の翻訳に関して相談し決定を下す為に長い時間を費やし、翻訳行程は七年にも及んだ。仮にロビンソンが今生きていたならば、私たちは完全に見直した改訂版を計画していたと思うが、それを自分ひとりで実行する気持ちにはなれない。

翻訳を始めた時、ハイデガーは自分の大著が英語に翻訳されるのかどうかに大した関心を持っていないようであるとの印象が、ドイツの出版社から伝えられた。なる程、ハイデガーは、重大な哲学的討論に適した言語は唯一ドイツ語とギリシア語であるとの意見を時折表明していた。確かに、ハイデガーの著作における巧妙な幾つかの箇所は、英語への翻訳を拒絶する。何故ならば、その微妙な箇所はドイツ語の特性に、特に語源学に依拠しているからである。既述のごとく[1]、ハイデガーは言語を「存在の住処」であると見做しており、言語学的観点から自分独自の哲学的結論に到達している。例を挙げてみよう。彼の主張によるならば、*Sorge*（関心）である「care」は現存在という存在者の包括的な概念である。同じ語幹が*Besorge*（配慮）や*Fürsorge*（待遇）にも現れている。それらはcare（関心）がそれぞれ物や人間に向けられている時の、careの特殊な様態を示しているのである。そして、それらが英語に翻訳されると「concern」と「solicitude」の語が与えられる。しかれども、英語へのこの翻訳においては、ドイツ語テキストの読者であるならば目に留まるであろうこと、すなわちcareに関する様々に異なる実際的な表現を全く見損なってしまうことになるのである。

時が経ち、ハイデガーが次第にこの翻訳に興味を持ち始めているという情報を私たちは得た。遂に英語版が一九六二年に出版され、ハイデガーは出版社に下記のごとき感謝の手紙を送ってきたのである（いまは私が所有している）。

一九六五年一月二八日

フライブルク・イム・ブライスガウ、ツェーリンゲン、ローテブック四七

SCMプレス出版社

ベッドフォード・スクエアー、ロンドンＷＣＩ
取締役　デーヴィッド・Ｌ・エドワーズ殿

貴方がたが編集された私の主著『存在と時間』の翻訳が、英語圏の国々で知られるようになった今、この計画にご尽力なされた苦心に、私は特別の感謝をお送りしたいと存じます。特に、この翻訳作業に長い時間を費やして完成させて下さったお二人に、私の感謝の気持ちをお伝えください。現下になってようやく感謝申し上げているのですから、お許し願いたいのですが、この翻訳に関して的確な評価を聞くことが私には重要だったのです。様々な方面の方々からの評価を受け取っております。私の著作を他の言語に翻訳することがいかに難しいことであるかは存じておりますので、この翻訳が上手く成し遂げられ、大変喜んでおります。その売れ行きを見るに、学術的な研究書の翻訳が、いかに国際的な本の市場にとって必要なことかがわかります。
心からのご挨拶とさらなる研究のご発展をお祈りいたしております。

マルティン・ハイデガー

第二節　ハイデガーと国家社会主義

本書第一章ですでに述べてあるごとく、[2] ヒトラーが一九三三年にドイツで権力を獲得した後、ハイデガーはフライブルク大学総長の職を一年間務めた。この出来事に関して後程本書において十分詳細に検討することを私は約束していたが、今やその約束が果たされる時となった。当時のハイデガーの行為は弁解されたり、あるいはうまくいい逃れたりできるものだとは考えられないが、ハイデガーの経歴においてこの出来事が有する正当な比重で、それを見ることが重要である。私は、この事態の公平な見解に至る為の助けとなる少なくとも二つの観点を、自分の経験から引き出せると信じている。

事実は十分に知られている。ヒトラーと国家社会主義者たちは、一九三三年の初めに、憲法に則った仕方で権力を獲得した。ナチ党に反対したフライブルク大学総長の跡を継いで、ハイデガーが四月にフライブルク大学総長に任命される。五月にハイデガーはナチ党に入党するが、もっとも、総長に任命されたということは、彼がすでに支持者であったことを示唆している。彼が総長職の任にあった間の様々な公的発言の記録が残っている。確かに、それらの発言はこの体制の維持を表明しているが、発言は極端でも、熱狂的でもなく、これは相当に重要なことであるのだが、反ユダヤ主義的発言はそこに含まれていないのである。その資料の幾つかを後で引用することにする。

総長任命から一年以内の一九三四年に、ハイデガーは総長職を辞した。彼の擁護者たちは、ハイデガーはこの時ナチ党から離党したと主張する。これは確かなことではないが、仮に彼が離党していたならば、それは相当に重大な行為である。何故ならば、その当時に離党することは、当局の敵意を自ら招くようなものだからである。ハイデガーを中傷する人たちの主張によるならば、第二次世界大戦が終焉するまで、ハイデガーは党員であった。しかしこれも不確かなことである。ハイデガーが総長職にあった時期のナチ党との関係を理由として、一九四五年、占領軍は彼の大学における教育活動を一時的に停止させた。しかし、五年後、彼は復職する。何故ならば、彼の参与が積極的で重大なものではないと判断されたからである。これで事態が収拾されても良かったのであろうが、新たな告発が折りに触れて今も為されている。もっとも、実際、結局のところ、確証的な新しい証拠が提示される訳ではない。一九三三年の過誤が、ハイデガーに反対する疑問符となっていまだに残っている。それは、ミヒャエル・ツィマーマンが適切に称しているごとく、「ハイデガーの茨の棘」[3]であり続けたのである。それは私たちの研究にとってどれ程の重要さがあるのだろうか。検討されるべき問題はごくわずかである。

下記のごとき一般的問題がある。個人の教説やその教説の評価は、当人の行動や、私的あるいは公的に主張された見解によって何処まで影響を受けるものであるのだろうか。多くの場合、そこには葛藤が存在する。ある人が自分の生を互いに影響を及ぼさないことなった領域に区画することができるとは、私自身には信じ難いことである。例えるならば、妻に対して不貞な政治家に国事を任せられるだろうか。大抵の人たちはかくのごとき状況に悩まされることはないと思われるが、それは単に今日の弛緩した道徳性が反映されているだけかもしれない。しかれども、当の人物が、例えば倫理学や神学を教えているとするならば、その人の個人的行動や個人的確信が、その人の教えていることに適合しているべきだと、我々は期待してはいけないのだろうか。ティリッヒは女道楽的なところがあると一般に信じられているのであるが、推測するに、これは彼における人格に対する適切な尊敬の欠落を示していると見做される。このことは彼の神学に対する評価に影響を与えるだろうか。フレーゲは国家主義的で攻撃的な考えを極端に主張していたのであるが、このことは、彼の論理学を評価する時に重要なことであるだろうか。ブロッホの希望の哲学はモルトマンや「解放」の神学者たちによって用いられたが、彼はスターリン主義者の独裁に率直に感激していた。これらのことは調停可能だろうか。この問題は答えるのは容易ではない。何故ならば、どちらの側も巧みに主張されてきたからである。

読者に想起して欲しいのだが、一九六四年にドリュー大学で開催された神学者協議会に関して私は言及した。協議会の意図は、ハイデガーの言語に関する哲学が神学の解釈学に対して有する関連を論議することにあった。(4)ハイデガー自身が協議会で演説すると公示されていたのだが、健康上の理由で渡米は不可能となり、その為、注目の的になったのは、かつてブルトマンの学生であり、当時すでに著名な学者であったハンス・ヨナスである。四月二日付のニューヨーク・タイムズはセンセーショナルな見出しを載せた。「学者はハイデガーと絶交：ナチズム加担への非難」。ヨナスは熱のこもった演説を行い、国家社会主義との関わり故に、神学者に向かって何か適切なことをいう資格はハイデガーにはもはやないと主張したのである。ヨナスの非難には二つの要素が重なっている。ヨナスの主張によるならば、ハイデガーは宿命（*Geschick*）の力によって歴史が決定されるという運命論者であり、なおかつ神が「世界」に還元されていて全く内在的に考えられているのである。私自身、[5]我々が初めてこの宿命という範疇に出会った時、ハイデガーのこの範疇の導入に関して警戒を促しておいた。もっとも、既述のごとく、ハイデガーは宿命を人間的責任の承認と結び付けることを試みている。[6]私の考えによるならば、仮に隠れた宿命が歴史を形作る唯一の力であるとするならば、これはキリスト教と相容れないのである。しかれども、宿命と人間的決断とが歴史の過程において如何様に関わり合っているのかは、探求される必要がある。推考するに、ここでのハイデガーの問題は、圧倒的な神の摂理の下で作用する人間的決断によって、出来事の織り成しが生じると主張するキリスト教神学者たちの問題とさほど異なっていないのである。ハイデガーにおいては神が全く内在的であるという批判に関しては、（それはある種の汎神論を意味しているのだろうが）私の考えによるならば、それは真実ではない。神（あるいはハイデガーの思想において神の代りとなるあらゆる実在）は、実際、存在者に内在していて、存在者から離れては無であるのだが、しかれども、神は存在者と存在論的に異なるはずなのである。ウィリアム・J・リチャードソンは「ハイデガーと神――そしてヨナス教授」[7]という論文において、活発にヨナスに応答している。リチャードソンがヨナスとの論争において彼を論破しているのかどうかを私は断定しない。しかれども、リチャードソンは「何故キリスト教者はハイデガーの思想に関心を抱くのだろうか」と問い掛け、自分自身でその問題に次のごとくに答えている。「ハイデガーにおいては真理があり、真理のあるところには、何処でも神がいる……ハイデガーにおけるその真理が正確に何であるのかをいうのは難しいことかもしれない。おそらくそれは、一つの哲学的真理、すなわち存在論的差異それ自身に過ぎないのだろう。しかれども、それはかなりの収穫である。推考するに、彼においては神学的真理があるのである」。

ハンス・ヨナスの非難が正当であるとする何かがハイデガーの思想の内にあるのであろうか。仮にあるとするならば、ヨナスの非難の重点は彼の最初の指摘にあると、私は考える。その指摘によるならば、ハイデガーの歴史に関する見解によって宿命という考えが導入され、宿命は相対する神になるのである。一九三〇年代は好機（*kairos*）、すなわちドイツにとって宿命の時代であると、ハイデガーはおそらく考えていたのである。なおかつ、自分自身が新時代の預言者や予見者になるように運命付けられていると、彼は信じかけてさえいたのである。しかれども、それは根拠のない憶測であり、一九三四年以降、ハイデガーは国家社会主義にますます幻滅していったのである。『形而上学入門』（一九三五年に為された講義で、一九五三年出版）において、激しい論争を引き起こすことになる一文が読み取れる。「今日、国家社会主義の哲学としてあちこちで繰り広げられている諸研究、しかしこの運動の内的真理と偉大さ（すなわち地球規模の技術と近代的人間との邂逅）とはいかなる関係もない諸研究が、〈価値〉や〈全体性〉という濁流の中で漁夫の利を得ようとしているのである」[8]。これらの言葉が国家社会主義を賞賛しているのか、それとも、国家社会主義が全人類と共に関わるべきである真に偉大な問題、すなわち「地球規模の技術と近代的人間との邂逅」の問題を看過していると国家社会主義を非難しているのか。ここではそれが曖昧であり、それ故、五、六〇年もの間取留めもなく論争されてきているがいまだに解決されていないのである。たとえハイデガーがナチ党と最も密接な関係にあった時の、彼のフライブルク大学総長就任演説に戻ってみても、曖昧さが付き纏っている。就任演説の表題は「ドイツ的大学の自己主張」となっている[9]。演説は、一九三九年から一九四五年にかけての大戦を前にした危険な時代において、ドイツ諸大学の伝統を喚起するものであった。推考するに、演説の頂点は次の一文にある。「将来、ドイツ学生団体の三つの献身と奉仕とが活躍するであろう。第一は、勤労奉仕による民族共同体における活躍であり、第二は、軍への奉仕による国家の名誉に対する活躍であり、第三は、学問への奉仕によるドイツ民族の精神的秩序への献身における活躍である」[訳24]。確かに、「これは民族主義的である」といえるかもしれないが、この種の修辞的表現は一九三三年の危機の時代おいては、決してハイデガーだけに限った特別なことではないのである。推考するに、少なくとも、ハイデガーが描写した諸大学の役割は、党の方針に隷属的に服従することよりも広範囲に及ぶものなのである。

約束してある通り、この議論の為に、私自身の経験を二つ挙げることにする。何故ならば、そのことでハイデガーの状況にさらなる光が当てられると思われるからである。

一九四五年に停戦となり、その直後の三年間、英国軍当局によって、私はドイツ語の能力が買われて、中東部にある捕虜収容所の従軍牧師の監督を命じられた。そこには約一〇万人の捕虜がいて、しかもそこには様々な仕事において奉仕活動をしていたドイツの従軍牧師三〇人も含まれていた。私はこれらの捕虜たち、すなわち聖職者や平信徒である人々と長い時間を過ごした。わけても、講義をしたり、彼らの質問に答えたりしていた。そこで私が見た限りにおいては、捕虜たちの中には硬直したナチ党員はほとんど居ないも同然であった。大抵の捕虜たちはドイツにおける平和で有益な生活を求めていた。しかれども、彼らは世界の出来事の激流に飲み込まれてしまったのであり、それは抗し難い宿命であると、思っていたに違いない。彼らの国は絶望的な状況にあったのであり、それは第一次世界大戦終了後、以来ずっとそのような状況にあったのである。彼らは、（おそらく正当にも）共産主義者による奪取という重大な危機がある、と信じていた。それがヒトラーの誇張的表現を生み出す肥沃な土壌だったのである。もっとも、当初においては、ヒトラーの政策が極悪非道なことに満ちているとは、誰も理解していなかったのである。これらの人々の大部分はナチ党によって単に当て所なく彷徨していたに過ぎなかったのであると、私は結論せざるを得なくなった。帰するところ、ドイツ人たちは英国人やアメリカ人に比べて、民主主義的な責任感を体験することがあまりにも少なかったのである。

私が指摘したい二番目の経験は、ハンナ・アレント博士との会話に関するものである。アレントは著名な政治哲学者であり、ハイデガーの最も優秀な学生の一人であった。私が彼女と知り合ったのは、『存在と時間』の翻訳に取り掛かっていた時のことである。ハイデガー自身はあまり英語が得意ではなかったので、彼はロビンソンと私に、仮に何か特別な問題が起こったならば、アレント博士と連絡をとって助言を求めるようにと提案してきたのである。彼女と私は翻訳が完成した後も連絡を交わし続けていた。私たちが最後に会ったのは、一九七三年五月一九日である。アレント博士は夏期休暇を利用してヨーロッパに帰省することになっていたので、飛行機を乗り継ぐ必要のあったヒースロー空港で落ち合うことで話が折り合った。私たちの会話は自然とハイデガーのこととなり、翻訳のことに移っていった。アメリカ合衆国では驚くほど大量に翻訳本が売れて、何度も版を重ねていた。「ハイデガーはきっとこの翻訳で相当の財を成したことでしょうね」と私がいうと、「とんでもない、彼はビジネスマンなんかじゃありません。売り上げのほとんどは出版社に入ってしまいます」と彼女は答えた。彼女の言葉を引き取って「それじゃ、彼が一九三三年にナチ党に入党したのは、彼が実務家ではなかったからだとでもいいたいのですか」と尋ねると、彼女は「ええ、全くそうなのです」と答えたのである。

もっとも、ハイデガー程の知性の持ち主であるならば、国家社会主義のごとき質の悪い知的に空虚なものとは関わらない位の分別を持つべきであった、といい得るだろう。このことは、何も彼が抵抗の英雄やその種のものになるべきだったのだ、といっている訳ではない。かくのごとき勇気を持ち得るのはごくわずかな者たちだけである。しかれども、とにかく少なくとも、時期が好転するまで、大抵の学者が沈黙し自らの誠実さを保持してきたごとくに、その例にハイデガーも従うべきだったのである。しかし、その話は今では過去のものとなり、もう忘れるべきことなのだろう。不幸にも、我々は、二流のジャーナリストや劣等感に満ちた学者たちが過去の偉大な人物たちの名声を汚し、それに意地の悪い喜びを感じているという時代に生きている。つい二、三年前にも、彼らは、クリストファー・コロンブス、ウィリアム・シェイクスピア、アルベルト・アインシュタイン、マーティン・ルーサー・キング等の人物に関する醜聞や、それ以上に悪いことを掘り起こしている。欠点や弱点のない人はいないのであり、我々がこれらの人物を記憶に留めているのは彼らの偉業の故であり、なおかつ、彼らはいつまでも偉人であり続けるのである。同様のことがハイデガーに真に当てはまる。彼は、第一に彼の思惟と、そこから今も流れ続けている成果とによって判断されるべきなのである。

第三節　ハイデガーと神秘主義

神秘主義に対するハイデガーの関係に関する問題を取り扱うことは、かなり妥当な課題である。もっとも、そこにもかなりの曖昧さがある。神秘主義は様々な宗教と関連を有しながらも、そこにおいては繰り返される諸特徴はあるものの、神秘主義そのものは相当に多様な現象である。プロティノスは西洋世界の最も偉大な神秘主義者の一人であり、その神感は新プラトン主義の伝統に属する一連の神秘主義者たちに繋がっている。存在と存在者の「存在論的差異」はハイデガーにおける正に中心的な発想だが、それとかなり類似したことがプロティノスにおいても看取されるのである。

プロティノスにおいて、次のことが読み取れる。「あらゆる物の第一源泉であるのは物ではなく、むしろあらゆる物とは異なっている。それは全体の中の一つの物ではなく、全てに先立ち、なおかつ知性にさえも先立つのである」[10]。

したがって、ハイデガーとプロティノス（ここでは神秘主義の代表者と見做しておく）とは、着想において、類似した存在論的構造を有しているといい得るだろう。この構造は二重である。一つには、存在すなわち一者はそれ自身において存在者ではないのである。もう一つは、世界を成している有限な存在者の多様性の内に、人間すなわち現存在は単なる他の存在者のごとくに住んでいるのではなく、むしろその源泉との神秘的な親和性を有する有限的存在者として住んでいるのである。プロティノスにいわせるならば、「我々の内なる知性はその始元へと上昇せざるをえない」[11]のであり、ハイデガーにいわせるならば、彼はパルメニデスを援用しつつ、「存在と存在の思惟とは同じである」とする[12]。ハイデガーの場合、この「思惟」は省察的、あるいは観想的特徴を有しており、彼自身の「思惟の敬虔[13]」という言葉との関連から気付くごとく、この思索は神秘主義者たちの精神的祈りのようなものなのである。

もっとも、この類似性をハイデガーにあまり押し付けてもいけない。何故ならば、ハイデガーは自分自身を思索者と見做し続けているのであり、推考するに、思索者は自分自身と思索されているものとの間に、ある余地を保持しておく必要があるからである。あるいは、別言するならば、ハイデガーが独自の懸念を表明している客観化作用からも、さらに同様の形而上学からも、ハイデガーは完全に乖離している訳ではないからである。真の神秘主義者は、最高の段階にある思索さえも背後に振り捨てて、自分自身を絶対者の内に投げ入れる。プロティノスによるならば、「唯一飛躍によって、我々は一者に至れる」のである。[14] ハイデガーにおいて、これに対応するものが何かあるのだろうか。これに最も類似したものが、後記を含めた「形而上学とは何であるか」の講義において看取される。そこでハイデガーは、自分が論理学を捨て去ってしまっているのかどうかという問題に直面している。彼の解答によるならば、「論理学は思惟の本性を解明する一つに過ぎない。……論理学の発想は一層根本的な探求の渦に巻き込まれて解体してしまう」[15]。彼の考えからするならば、もっと深い別の思惟があり、それは応答的であり、既述のごとく、感謝に近いものである。したがって、ハイデガーは自分自身を思索者と見做し続けているのであるが、彼の「思想」は通常の論理学的思想ではなく、しかれども、絶対者に神秘主義的に没入するものでもないのである。

　ハイデガーの精神性と呼べるようなことに関する優れた研究が、ミヒャエル・ツィマーマンによって提供されている。この研究書は『自己の失墜』と称されており、この表題によって、自己中心性が徐々に克服されてゆく過程が示唆されている。ツィマーマンの言辞によるならば、「非本来性は日常のエゴイズムの強化であり、本来性はその減少である」[16]。それは、硬直し閉じられた自己理解から、有限的空けとしての自己理解への発展である。この空けの内に存在への関係があるのであり、その関係は神秘主義者の神への関係に類似しているのである。この対照化は論争の的になった。何故ならば、ハイデガー哲学における究極の実在を何と命名したとしても、とにかく、存在や性起に対する現存在の関係の内には、愛や人格という要素がないように思われるからである。しかれども、ツィマーマンは、「ハイデガーの放下とは、我々が思索し、感謝し、愛することを許す贈り、愛ある贈与である。彼が性起を人格化することを拒絶する理由は、かくすることで性起を存在者として扱う結果になるからである。我々は父と子と聖霊である神として神に人格的な特徴を与えるが、エックハルトにおいても、神はかくのごとき人格的特徴を有してはいない。何故ならば、三つの位格は一つの区別されない本質において融合しているからである」[17]。

ツィマーマンのエックハルトに関する言及が、中世キリスト教神秘思想に対するハイデガーの関係問題を喚起することになった。ハイデガーは自らの著作の幾つかでエックハルトに言及している。私の信じるところによるならば、両者は新プラトン主義者の伝統の影響をみせている。中世神秘思想に対するハイデガーの関係を、私が知る限り最も徹底的に解明しているのは、ソニア・シッカ博士の学位論文である。その表題は『超越の三つの形態：ハイデガーと中世神学に関する研究』である。この研究書において、著者は熟達した仕方でハイデガーと神秘主義者たちとの類似性と差異性とを示している[18]。

神秘主義に関する著作者たちは、次の点で広く同意している。顕著な諸特徴における一つとして、全ての物の統一という見解である。例えば、W・T・ステイスの主張によるならば、「統一という感覚は神秘主義的な体験の核となる本質的な特徴である」[19]。H・A・ホッジスの言辞によるならば、「神秘主義者とは、物がそこから共通に派生してくるその深い根底的な統一と、その究極者に対する完全な依存とを観る者のことである。かつ、その統一の中心に今以上に近く経験的に引き寄せられたいと希求している者のことである」[20]。

しかれども、全ての物の統一という見解がハイデガー思想における中心であるとは、ほとんどいい得ないのである。むしろ、存在者の全体性における経験は怖れや不安（*Angst*）の気分において生じ、それは無の経験の一つの相である。再び、講義「形而上学とは何であるか」を参照することにする。「不安において〈何となく気味がわるい〉と、我々はいう。その気味悪さを感じさせるものが何であるのかを、我々はいうことができない。人は全体的に（*im Ganzen*）それを感じる。全ての物が、それと共に我々が、ある無関心さへと沈み込む。しかれども、これは全ての物が消滅したことを意味するのではない。むしろ、我々から退去している正にこのことにおいて、全ての物が我々に向かってくる。存在者の全体性における退去は、不安において我々に襲い掛かって来て、我々を圧倒する。縋るべきものは何もない。存在者が滑り去る合間に残され、我々を圧倒する唯一のもの、それが〈無〉である。不安は無を暴露する」[21]。無論、この無は存在であり、実際、存在者ではないのである。したがって、無は存在の「覆い」であるとも称されるのである。

上記の文章はハイデガーとある日本人の学者との対話を想起させる。彼はハイデガーに向かってこう述べている。「我々にとって、空（das Leere）とは貴方が存在と称していることの最高の名称です」[22]。かくのごとく、ハイデガーは西洋の神秘主義よりも東洋の神秘主義に近いのであろうか。確かに、彼の諸著作は日本や他の東洋の国々において広く研究されている。しかれども、東洋の学者たちがハイデガーに対して感じている明白な親近性にも拘わらず、そこには明確な相違が生じているのであり、それは西洋の神秘主義者たちとの関係においても同様に見られたものである。西谷啓治は哲学の京都学派の主導的代表者である。（推測するに、彼は上で引用された対話の相手だったと思われる。何故ならば、西谷は三年に渡ってハイデガーの許で研究をしていたからである。）西谷の書いたものによるならば、「ハイデガーの場合、無性が無性という何かある〈物〉として陳述されている形跡がまだ残されている」[23]。ハイデガーがこの評価に抗議することは確かであると、私は考えている。この思索者は真理を「非隠蔽性」として非常に重要視し、自分自身の信念の多くを少なくとも部分的に隠蔽したままにしている。推考するに、仮に存在の神秘を尊重すべきであるとするならば、別のごとくではあり得ないだろう。したがって、「ハイデガーは神秘主義者であるのか」という問い掛けに対して、彼は神秘主義者に対してある親近性を有していたと、我々は唯一答えることができるだけである。ハイデガーがパルメニデスの謎めいた言葉を「存在と存在の思惟とは同じである」[24]と翻訳する時、なおかつ他の箇所で、「存在は思惟の産物ではない、本質的な思惟は存在の一つの性起であることの方が、一層あり得そうなことである」[25]と説明を加える時、彼は神秘主義者たちに最も近づいているのである。

訳者付論　『存在と時間』と実存主義的神学——ハイデガーとブルトマン

1　はじめに

ハイデガーとキリスト教の関係という主題は古い課題であるとともに、一方では新しい課題でもある。古い課題とはハイデガーが『存在と時間』を公表するとほとんど同時に、果たして『存在と時間』の思考がキリスト教的であるのか非キリスト教的であるのか、そもそもハイデガーは有神論者なのか無神論者なのか、という問題が神学においても哲学においても提示され続けてきたからである。一方、新しい課題であるというのは、ハイデガーの決定版全集の多くが公刊され、ハイデガーの諸講義や未発表の原稿が明らかになるにつれて、ハイデガー哲学とキリスト教哲学の関係を新たに見直す時期に来ていると私には思われるからである。

本論文はハイデガーとキリスト教の関係という主題を改めて問い直す為に、もう一度初期ハイデガーにおける、すなわち『存在と時間』を巡る彼の思考と実存主義的神学、特にブルトマンの神学とがいかなる関係にあるのかを再確認し、そこに潜む問題を析出することを目的とする。この目的を達成するために、本著『ハイデガーとキリスト教』の著者であるマクウォーリーによる『実存主義的神学　ハイデガーとブルトマンの比較』[1]という研究を援用することにする。

このマクウォーリーの研究は、ハイデガーの実存哲学、厳密にいえば、『存在と時間』における非本来的実存（inauthentic existence）と本来的実存（authentic existence）との区別を、ブルトマン神学の信仰なき人間（man without faith）と信仰のもとにある人間（man under faith）とに対比させつつ、それぞれにおいてハイデガーの実存概念を説明し、それがブルトマンにおいてどのような影響を与えているかを検証してゆく手順でなされている。マクウォーリーの手順に従って、本論文の課題であるハイデガーとブルトマンの関係をまずは明らかにしていくことにする。

2-1　人間存在の形式的構造

マクウォーリーは、ハイデガーにおける現存在に対する実存的特性をまずは次のごとく纏め上げる。ハイデガーにおいて、「人間が実存するというのは、ある仕方で人間はモノの世界の外に

(existere）存立していることを意味するのであるから、人間の存在はモノの存在（Vorhandenheit）とは区別される」[2]。それ故、このことから人間の実存に関して三つのことが明らかになる。一つには、実存は自らに関わる存在である、二つには、人間の実存は可能的である、三つには、人間の実存は各自的である、と。このマクウォーリーのハイデガー理解に対して我々は何もいうべきことはない。これは『存在と時間』で主張されたことそのままである[3]。続いて、これらがブルトマンの聖書解釈にいかに影響しているかをマクウォーリーは明らかにしていく。

ブルトマンによるならば、パウロにおいて最も包括的な概念はソーマ（σωμα）つまり体《からだ》であり、それ故、ブルトマンの新約聖書理解はソーマ（体）を鍵概念としていることになる。それ故、ブルトマン神学を理解するには、この鍵概念に関するブルトマンの解釈をまずは理解しておく必要がある。以上の理由で、マクウォーリーはまずソーマに関するブルトマンの解釈を解説し、次の三点に要約する[4]。一つには、人間は常にソーマ的に存在する、二つには、人間は自己への関係を持つ、三つには、人間は自己自身と一つになっているか、あるいは自己自身と疎遠になっているか、の二つの基本的な可能性に直面している、と。

ブルトマンはパウロの思想からいかにしてこれらの特徴を取り出したのだろうか。マクウォーリーによるならば、人間が常にソーマ的に存在するとは、人間の存在は質料的実体である肉体と非質料的実体である魂との合成体として存在するのではないことを第一に意味する。それはパウロの復活の体に関する議論（コリントの信徒への手紙一、第一五章第三五節以下）において明らかである、と。

しかし、マクウォーリーのこの説明はあまり明瞭ではないので、私なりに解釈しておく。パウロがここで主張しているのは、生きていても復活してからでも体があるということである。それ故、人間の存在を質料的実体である肉体と非質料的実体である魂との合成体として考え、死後には非質料的実体である魂だけが残るというギリシア哲学的理解は、実はパウロにおいては退けられるのである。すなわちギリシア哲学によるならば、人間はある時には肉体と霊との合成体として実体的に存在し、ある時には霊としてのみ実体的に存在することになるが、パウロにおいてはかくのごとくではなく、人間は**常に**ソーマ的に存在するのである。そして〈ソーマ的に〉というのは、ここではまだ単に、質料的実体としての肉体的存在**ではない**ことを意味しているに過ぎない。それ故、先の〈生きていても復活してからでも〉という意味も、〈常に〉という意味も、実体的に理解してはならないことになる。

マクウォーリーは、人間が常にソーマ的に存在することのブルトマン的解釈として、さらにパウロの次の言辞を挙げて説明している。「あなたがたの死ぬべき体を罪に支配させてはなりません」（ローマ人の信徒への手紙、第六章第一二節）。ここでパウロは実体的な肉体のことを考えているのではなく、「罪が可能である世界の内に人間が存在する仕方」[5]を意味している。さらにいえば、「人間は常に可能性が自分に向かい合う世界の内に存在すること」[6]をソーマは意味しているのである。したがって、先述の私がなした〈常に〉に対する解釈は、さらに具体的に、〈可能性から決して切り離されることなしに〉との意味で理解できるのではないだろうか。

ソーマに関するブルトマン的解釈の二番目は、パウロの思想の何処からくるのであろうか。マクウォーリーによるならば、ブルトマンは人間存在の自己関係性を「人間は自分自身の行為の客体にすることができる」[7]ことと解釈し、かくのごとき解釈をパウロの思想に看取する。パウロは、人間が自らのソーマを神に捧げたり、あるいは罪に引き渡したりし得るという。[8]ここでソーマは自らの行為の客体となっているが、ソーマは同時に人間の存在の仕方であってみれば、ソーマは人間が自らを自らに関係し得るものであることを根源的に意味していることになる。すなわち、私なりに表現するならば、ソーマは人間が自らに関係する存在論的可能条件なのである。

ソーマに関するブルトマン的解釈の三番目はどうであろうか。マクウォーリーによるならば、ソーマに関するブルトマン的解釈の二番目から、三番目の解釈は必然的に導き出せるし、かくのごとき解釈はパウロに典型的である。しかし、パウロは「死の体（σωμα）[9]」という表現で、魂と肉体とのグノーシス的な二元論を意味しているかのごとくに思える箇所がある。これに対して、マクウォーリーによるならば、ブルトマンは、パウロがあまりにも罪への傾きを恐れるが故に採られた表現であって、これは本来的には実存の悪への可能性を意味する肉体（σαρξ）のことであり、悪と善両方の可能性としての体（σωμα）を意味するものではないと示唆している、という。しかしここで補足しておく必要がある。ブルトマンにとって、悪とは自己自身と疎遠になっていることであり、善とは自己自身と一つになっていることである。すなわち、私なりに表現すれば、ソーマは自己自身と疎遠であることと自己自身と一つであることの存在論的可能条件なのである。

以上のソーマに関するブルトマンの三つの解釈がいかに実存論的解釈を成しているかは明らかであり、人間の実存に関する理解について、ハイデガーの実存哲学とブルトマン神学とは近い関係にあると、マクウォーリーはここで結論付けている。[10] しかし、以上のマクウォーリーの検証結果を、ここで、下記のごとくにいい換えておくことの方が厳密な理解に資すると思われる。ハイデガーにとって、現存在が人間の存在の実存論的可能性の表現であるのと同様に、ブルトマンにとって、ソーマとはそのような実存論的可能性の表現なのである。

マクウォーリーは続けて他の重要な実存論的諸概念を以上のような手順で検討し、ハイデガーの実存哲学のブルトマン神学への影響、つまり両者の近さと遠さを見定めていく。世界、了解、心境、事実性、と順次検討する。

マクウォーリーによるならば、ハイデガーのいう世界（die Welt）とは「人間の実践的関心において了解される道具的体系、働くところ[11]」である。ブルトマンによれば、パウロの世界を現す用語は κοσμος であるよりは κτισις（創造）である。それは神が与えた人間の実践的関心において働くところである。したがって、ここで κτισις は「働くところとしての世界という実存論的概念の宗教的解釈[12]」を受けたのである。すなわち〈人間の実践的関心の働くところ〉という点でハイデガーの実存哲学とブルトマン神学の世界理解は近しい。そして、そこに神が介在するかしないかにおいて両者は互いに遠のくのである。この相違はマクウォーリーが指摘した以上にもっと明確に強調すべきである。つまりハイデガーにとって世界は現存在の企投の及ぶところという境界域であり、ブルトマンおよび聖書的思想にとって世界はかくのごとき境界域はない。神はこの世のすべてを創造しているのである。

マクウォーリーによるならば、ハイデガーの言う了解（Verstehen）は純粋な科学的理解を存在論的に可能にする実践的関心における理解、すなわち実存論的な理解であり[13]、聖書でいわれる理解もかくのごとき実存論的理解である[14]。さらにハイデガーのいう了解とは、現存在の存在可能全体に関わり、自己と世界を己自身に開示することである。それに対して聖書的思想の実存論的理解においては、神と自己と世界が開示される[15]。したがって、〈自己と世界の実存論的開示〉という点で、ハイデガーの実存哲学と聖書的思想の理解への解釈は近しい。そして、神の開示の有無において両者は互いに遠のくのである。

ハイデガーのいう心境（Befindlichkeit）とは開示であり、ブルトマンによるならば、パウロの用いる καρδια も情緒的開示であり、その点で両者は互いに近しい[16]。しかし心境においては、現存在の被投性すなわち事実性が開示されるのに対して、パウロでは「心において（εν ταις καρδιαις）神は輝き出でる[17]」のであり、καρδια は神の自己開示と深く結びついている[18]。この点において、ハイデガーはブルトマンおよびパウロから遠のくのである。

しかし、パウロにハイデガーのいう被投性すなわち事実性の概念がない訳ではない。ブルトマンによるならば、「私が今、肉において生きている（νυν ζω εν σαρκι）のは、……神の子に対する信仰によるものです[19]」とパウロがいう時、「εν σαρκι は人間が世界の内に実存しているという事実性を唯一認知している」[20]のであり、ハイデガーの事実性は εν σαρκι において表現されているのである。

2-2　非本来態と信仰なき人間

マクウォーリーによるならば[21]、ハイデガーにとって非本来態とは自己を失って世界へと頽落していることであり、その特徴は**誘惑**（Versuchung）と**安静**（Beruhigung）と**疎外**（Entfremdung）である[22]。現存在は世界へ頽落するようにと世界から誘惑されている。しかし誘惑する世界も現存在自身の構成要素であるのだから、この誘惑は自己誘惑である。頽落している現存在はモノへの専心と大衆との団結によって、本来的自己になるという最大の課題からくる重苦しさから解放され安心するが、それは幻想的安心でしかない。かくして現存在は自分が本来的自己を疎外していることにさえ気付かなくなるのである。

ブルトマンによるならば、「肉に従って（κατα σαρκα）歩む者は……」[23]とパウロがいう時、「κατα σαρκα 存在するとは、人間が神を拒絶し、神と共に本来的自己存在をも拒絶していることを意味する」[24]のであり、「人間は世界の内に存在するだけでなく、世界へと頽落している」[25]のである。頽落した人間は本来的自己を疎外している。そしてパウロはこの**疎外**を**罪**と理解したのである。[26]それは「そういうことを行なっているのは、もはやわたしではなく、わたしの中に住んでいる罪なのです」[27]というパウロの言辞に現れている。そこでは「本来的自己が失われ、非本来的すなわち罪深い自己が支配している」[28]のである。これをブルトマンは「自己と自己との争い」[29]と称するのである。

さらにブルトマンは κατα σαρκα 存在する特徴をパウロの書簡の中に指摘する。人間はパウロのいう**肉の欲望**（επιθυμια σαρκος）[30]に**誘惑**されて、人間は創造主から遠ざかる。[31]そして人間は自らの創造的力を**誇りとすること**（καυχασθαι）で**幻想的安心**を得る。[32]それはパウロが述べる、ユダヤ人の律法に対する誇りやギリシア人の知恵に対する誇り[33]においてよく現れている。

頽落との関係でブルトマンは κοσμος について興味深い解釈を施す。[34]彼の考えを私なりに敷衍して述べることにする。新約聖書で用いられるコスモスはギリシア哲学的に理解されてはならない。むしろコスモスとは「人間が自らの個人的責任から逃れて存在している仕方」[35]である。これは正にハイデガーにおける世人（das Man）が頽落している世界として理解し得る。人間はこの意味でのコスモス内存在であり、コスモスは自らの存在構成である。そのコスモスが人間を常に頽落へと誘惑するのであるから、この誘惑は自己誘惑である。さらにコスモスは誘惑であるのだから**敵**という特徴を持つ。しかしこの敵としてのコスモスは、グノーシス的な悪的世界と神的世界の二元論で理解してはならない。何故なら、コスモスの誘惑は自己誘惑であるのだから、コスモスに敵という特徴を与えたのは正に人間自身ということになるからである。

以上からハイデガーの非本来態の頽落とその諸特徴が、ブルトマンおよびパウロの罪とその諸特徴とに近いことは明らかである。しかしその近さはあくまでも〈自己と自己との関係面〉に限ってのことである。ハイデガーの『存在と時間』において神は不在である。この点で両者は互いに遠のくのである。

最後に、マクウォーリーあるいはブルトマン以上に、私は次の点を強調しておきたい。επιθυμια σαρκος（肉の欲望）は κατα σαρκα（肉に従って）に、κατα σαρκα（肉に従って）は εν σαρκι（肉において）に繫がれ、すべては σωμα（体）という人間の存在論的根本体制に繫ぎ止められているのである。

2－3　本来態と信仰のもとにある人間

ハイデガーの本来態とブルトマンおよび新約聖書の信仰のもとにある人間との関連を、その近さと遠さに的を絞り、マクウォーリーの研究を基にしつつ、かなり私なりに敷衍して明らかにする。ハイデガーによるならば、端的にいって、本来態とは自己の存在可能性を自ら選び取ることである。非本来態から本来態への移行および本来態を構成しているのは不安と良心と負い目存在と死への先駆的覚悟性である。

不安は世界へと頽落している非本来的存在を居心地のわるさ（Nicht-zuhause-sein）として開示し、まずはそこから引き離す契機となる。その不安の中で良心の声が響く。良心の声において、誰が誰を何処へと呼び出すことになるのだろうか。それは、不安な現存在が非本来的自己を本来的自己存在可能の前へと呼び出す、のである。そこでは現存在の全体が、すなわち負い目存在と死に臨む存在が現存在自身に開示される。負い目存在とは、自己が自己存在の根拠では無い（被投性）にも拘わらず、自己存在の根拠でなければならない（投企）という仕方でしか、すなわち無性の根拠という仕方でしか、現存在が存在し得ないことである。死に臨む存在とは、自己の存在が無となる実存論的可能性において現存在が存在していることである。さて良心の声によって、世界へと拘束された頽落的現存在がそこから切り離されることによって、その自由の中で、現存在は良心を持とうと覚悟する。何が覚悟されたのか。それは、負い目存在を死に先駆けて引き受けることである。

マクウォーリーによるならば、パウロにしてもアウグスティヌスにしても、彼らは回心以前において不安の状態にあった。すなわち、不安は人間を世界への関心から引き離す端緒であり、ブルトマンの表現からすれば、「自己自身への新たな理解の始まり[36]」なのである。この切り離しの端緒であるという点において、ブルトマンおよび聖書の不安理解はハイデガーのそれに近しいのである。

では良心においてはどうであろうか。マクウォーリーによるならば、新約聖書において良心は人間存在の基本構造であり、新約聖書とハイデガーの理解は、二つの点で類似している。一つは、人間存在自身の内からの声であること、二つには、人間の自己開示であることである。これらは形式的構造としての類似である[37]。ではその機能としてはどうであろうか。ブルトマンによるならば、パウロの良心を現す συνειδησις とは、ソーマ的な人間の自己関係における自己自身への反省的な批判的関係という働きをなしている[38]。すなわちブルトマンにしろパウロにしろ、良心において非本来的な罪に陥っている人間が本来的な自己へと呼び出されるのである。確かに、この呼び出しという機能の形式面において、ハイデガーとブルトマンや聖書の良心理解は近しいのである。

しかし、良心の機能の具体面となると両者は遠く離れてしまう。それを明らかにする為に、この機能の形式面をさらに私なりに明らかにしておく。非本来態から本来態への移行形式はかくのごとくである。不安による非本来的自己からの引き離し、良心の本来的自己への呼び出し、そして本来的自己への自由と決断。このうち後者二つが、ハイデガーにとってもブルトマンや聖書にとっても良心の形式的機能（呼び出し・自由・決断）である。しかしその機能の具体的遂行に関して両者は全く遠のく。ハイデガーによるならば、良心は自らに課せられた形式的機能を自らに具体的に遂行し得る。しかしブルトマンや聖書によるならば、それは良心だけで具体的に遂行され完遂されることはない[39]。この違いはそもそも本来的自己で考えられている内容が両者で全く違うからである。ハイデガーにおいて、非本来的自己と本来的自己の相違は、自己が自らの存在可能を自ら選んだのかどうか、にある。つまり非本来態と本来態はあくまでも現存在における自己と自己との関係の内に繋ぎ留められている。したがって、良心が移行の形式的機能を自ら具体的に遂行し得るのは当然の帰結となる。それに対して、ブルトマンや聖書によるならば、非本来的自己は世界へと頽落して神を見失っており、他方、本来的自己は神と共に実存している。この場合、非本来的自己と本来的自己の相違は、神の不在か臨在か、にある。それ故、良心に課せられた形式的機能を良心自らが遂行し得ないのは当然である。したがって、非本来態から本来態への移行の形式要素である呼び出しも自由も決断も、すべて神の恵みなのであり、そして不安の切り離し機能も、具体的には神の啓示において可能となるのである。[40]

さらに、ハイデガーの本来的自己は、被投性の無性と死への無性を引き受けることであってみれば、それは具体的には絶望的な生であり、死への自由という英雄的なニヒリズムである。それに対して、ブルトマンや聖書によるならば、本来的自己は非本来的自己の罪の許しであり、そのような罪の死からの自由という希望が含まれている。死への自由という絶望と死からの自由という希望。[41]ここにおいてハイデガーとブルトマンおよび聖書とは決定的に遠のくのである。

3　前神学と『存在と時間』の実存論的分析

以上、ハイデガーの『存在と時間』の実存論的分析とブルトマンの実存主義的神学および聖書との近さと遠さを計ってきたので、次にその近さと遠さの理由に関して考察することにする。ここでも、マクウォーリーの説明を、私なりに敷衍して、まずは聞いてみることにする。

神学は、神との関係において人間とは何で在るのか、を問う。しかしそこには人間の〈何で在る〉という人間存在があらかじめ理解されている。この先行理解が神学研究の方向性と解答の形式をあらかじめ規定している。それ故、神学はこの自らの前提となっている先行理解を神学の具体的かつ事象的な研究以前に明確化しておく必要がある。厳密にいえば、これは神学そのものではなく、前神学であると、マクウォーリーは称している。[42]

一方、ハイデガーが『存在と時間』において提示した現存在分析（実存論的分析）は正に人間存在を分析したものである。それ故、前神学はハイデガーのこの実存論的分析と外的ではなく内的な関係を持つ。（それを以下で私は存在論的次元での内的関係性と称することにする。）したがって、前神学によって基礎付けられる神学もハイデガーの実存論的分析と内的関係を持つことになる。この内的関係性故に、神学ならびに前神学はハイデガーの実存論的分析を援用する正当性があるのである。しかも、神学に対して前神学的理解の必要性をハイデガー自身も主張し[43]、ブルトマンは前神学的理解をハイデガーの実存論的分析を援用して正に実行したのである。その結果、神学は聖書の存在的思考性を前神学の存在論的思考性から統一的に、しかも根源的に捉えることが可能となったのである。例えば、先の第2節で、επιθυμια σαρκος（肉の欲望）が κατα σαρκα（肉に従って）に、κατα σαρκα（肉に従って）が εν σαρκι（肉において）に繋がれ、すべては σωμα（体）という人間の存在論的根本体制に繋ぎ止められていることを、我々はすでに見てきた。何故かくのごとくに統一的に根源的に把握できるのであろうか。それは、聖書の存在的思考性は前神学の存在論的思考性によって基礎付けられるからである。これはまさに神学にとって利点であり、十分に評価できる点であると、マクウォーリーは帰結する[44]。

以上がマクウォーリーによるハイデガーの実存論的分析を神学に援用する正当性についての内的な説明であり、それによるブルトマン神学に対する評価である。私はここで次の点を指摘しておきたい。この正当性はハイデガーの実存論的分析と神学ならびに前神学との内的関係性に基礎付けられている。先の第2節で見られたハイデガーとブルトマンおよび聖書における近さは、正にこの存在論的次元での内的関係性からくるものなのである。

では先の第2節で看取された遠さについては如何様に評価されるのであろうか。マクウォーリーからするならば、この遠さがあるからこそ、ブルトマン神学は護教論がしばしば陥る危険から逃れられることになるのである。その危険とは、キリスト教に異質な諸観念を密かに導入したり、最後にはキリスト教が世俗的思想に全く飲み込まれてしまう危険である。しかし、ブルトマン神学には、ハイデガーの実存論的分析の神不在と違って、徹底的な信仰による神の臨在がある限り、すなわちこの点における両者の徹底的な遠さ故に、これらの危険から逃れているといい得るのである。しかしマクウォーリーは、もう一つ別の危険をブルトマン神学は犯しているという。それは、聖書における実存論的分析に類似する側面を強調するあまり、キリスト教の全体性を歪めてしまう、という危険である。(45)

4　神の不在と現象学

上記において、ハイデガーの実存論的分析とブルトマンの実存主義的神学が、前者が後者の神学を基礎付ける前神学の基礎を提示するが故に、存在論的次元で内的関係性、すなわち近さを有することが解明されたと考えられる。しかし実存論的分析とブルトマンの実存主義的神学との遠さに関しては、マクウォーリーによるその評価を確認しただけであり、何故にハイデガーの実存論的分析に神が不在なのかに関しては、いかなる論究もなされていないので、ここでは実存論的分析における神の不在がいかなることなのかを究明してみることにする。

『存在と時間』の方法論、したがって、そこでの実存論的分析の方法論は現象学である。現象学が存在の中立的な記述である限り、超越的なるものは、まずは括弧で括られることになる。したがって、人間存在を超越すると見做されるものは考察から排除されるのであり、必然的に考察から神は排除される。現象学の中立性が実存論的分析における神の不在の理由の一つに挙げられるだろう。この中立性は、『存在と時間』以前のハイデガーの講義「宗教現象学入門[46]」においては「形式的指示」として看取されるものであり、また『存在と時間』と同時期の講演「現象学と神学[47]」においては「現象学に対する矯正的関係」として看取されるものである。すなわち、実存の現象学的分析とは超越者を排除し、実存の内実ではなく形式的構造のみを析出するものなのである。したがって、そこに神の存在、あるいは神を信じる実存の論究される余地は最初から閉ざされているのである。

しかし、本当に現象学およびその帰結は純粋に中立的なものであり、その形式的指示は領域的存在論ないし存在者に関する実証論に対して一方的なのであろうか。これに関してカール・レーヴィットの指摘[48]を私なりに敷衍して考察してみることにする。

第一に指摘すべきことは、必ずしも存在論的なものが純粋に中立的であり、存在的なものに対して一方的な矯正となるのではないことを理解しておこう。むしろ存在的なものと存在論的なものとの関連は、存在的なものから存在論的なものが現象学的に開明され、この存在論的なものから形式的指示を受けて、再び存在的なものが現象学的に開明され、ひるがえって先の存在論的なものが透明化され、再び存在的なものに形式的指示を与える。この再帰的な循環的な透明化として存在的なものと存在論的なものとの関係が理解されるべきであり、この再帰的循環的透明化の遂行が現象学なのである。

したがって、存在論的なものにおいては常に存在的なものが陰影として残っているのである。例えば、『存在と時間』における非本来性や頽落や負い目の形式を、たとえハイデガーが価値評価ではないとその中立性を主張したとしても、[49] そこにはキリスト教的実存の存在的なるものが基底にあり続けているのである。『存在と時間』の実存論的分析は如何様に中立性を主張したところで、キリスト教の信仰的実存の形式なのである。それ故、『存在と時間』が全くキリスト教を信仰する実存から自由であることはないのである。

そして、『存在と時間』において現存在の実存が存在一般の時間から解釈され直される箇所で、神の存在や信仰する実存が主題として現れてくる可能性もあったのではないだろうかと、私は推量する。したがって、『存在と時間』はやはりキリスト教のカトリック的信仰の世界に育ったハイデガーの信仰的実存から全く自由な訳ではないだろう。

＊本論文は「実存哲学と神学との可能的相互関係」（『立正大学人文科学研究所年報』第四〇号所収）の一部を加筆・修正したものである。

訳者後書き

本書はJohn Macquarrie : *Heidegger and Christianity*, Continuum, New York 1994の翻訳である。著者は英国教会の神学者であり、ユニオン神学校、オックスフォード大学レイディ・マーガレット講座の教授職を務めた。実存哲学、特にハイデガー哲学に精通した著名な学者であり、ハイデガーの『存在と時間』の英訳者の一人である。

ハイデガーとキリスト教の関係は欧米では常に論じられる哲学ならびに神学における重要な課題であるが、一方、日本においてはあまり論じられることのない課題である。本書を通して、キリスト教的視点からハイデガーを読むことの重要性を知り、この課題に、そしてハイデガーの哲学に関心を持っていただければ幸いである。

翻訳に際しては、テキストに則した逐語訳ではなく、著者の主張やニュアンスを損なわない限り、日本語として読みやすくなるように翻訳したが、訳者の浅薄なるが故に、不適当なところがあれば読者諸賢に指摘していただきたい。

最後に、テキストと翻訳との対応を丁寧にチェックして適切な助言をくださった立正大学文学部非常勤講師武井徹也氏、ならびに本書の出版を快く引き受けて下さった勁草書房と編集部の永田悠一氏に心から感謝の意を表したい。

平成二四年一〇月一六日　谷山ヶ丘の研究室にて

村上喜良

索　引

〈あ　行〉

アレント　Arendt, Hannah　184-5
アインシュタイン　Einstein, Albert　186
アクィナス，聖トマス　Aquinas, St Thomas　20, 26, 80, 83, 137
アブラハム　Abraham　116
アリストテレス　Aristotle　8, 20, 101-2, 150
イエス　Jesus　144
イサク　Isaac　116
ヴァン・ゴッホ　Van Gogh, Vincent　111-4
ウィトゲンシュタイン　Wittgenstein, Ludwig　78
ウィリアムズ　Williams, J. R.　157
ヴェルテ　Welte, Bernhard　22
運命　Fate　33, 49-50, 55, 67-70, 104, 106, 114, 144, 169, 181-2
エックハルト　Eckhart, Meister　21-2, 79, 130, 154-5, 189
エドワーズ　Edwards, David L.　177
エリウゲナ　Eriugena, John, Scotus　155
負い目　Guilt（Schuld）　56
オットー　Otto, Rudolf　9, 77, 160

〈か　行〉

ガーダマー　Gadamer, Hans-Georg　10, 85
カプト　Caputo, John　19
神　God　61-3, 80, 91-2, 144-5, 147-9,160, 162, 165-167, et passim.
カミュ　Camus, Albert　54-5
カルヴァン　Calvin, John　29
カルナップ　Carnap, Rudolf　162
関心　Care　34, 43-45, 47-8, 51, 58, 97, 99, 176, et passim.
カント　Kant, Immanuel　14, 25, 37, 61, 158
技術　Technology　103-8, et passim.
キルケゴール　Kierkegaard, Soren　140

キング　King, Martin Luther　186
クザーヌス　Cusanus, Nicholas　3
クレー　Klee, Paul　151, 153
グレーバー　Gröber, Conrad　8, 15
クローナー　Kroner, Richard　12, 19, 49
形而上学　Metaphysics　71-82, et passim.
芸術　Art　108-17, et passim.
言語　Language　40, 132-9, et passim.
現象学　Phenomenology　9, 11, 18-9, 41, 50, 120, 125, 136, et passim.
ゴーガルテン　Gogarten, Friedrich　ii
心の状態（心境）　State-of-mind（Befindlichkeit）　35-6, 43-5, 54
コロンブス　Columbus, Christopher　186

〈さ　行〉

サルトル　Sartre, Jean-Paul　13, 16, 18, 24, 53, 56-7, 88-91, 95, 149
死　Death　50-5, et passim.
詩　Poetry　109, 139-44, et passim.
思惟　Thinking　5, 119-32, et passim.
シェイクスピア　Shakespeare, William　186
時間　Time　1-4, 7, 11, 21, 45-6, 59-63, 142, 150, 152-54
時間性　Temporality　7, 21, 45-6, 58-65, 67-8, 103, 119, 142, 150
シッカ　Sikka, Sonya　189
実存論的分析　Existential analytic　23, 43, 48, 54-5, 57, 99, 119, 125
宿命　Destiny　68-70, 105-6, 169-70, 181-2, 184
真理　Truth　37-9, et passim.
ステイス　Stace, W. T.　189
聖，或いは聖なるもの　Holy, the　77-8, 92, 102, 115, 144-5, 157, 160
世界，世界内存在　World, Being-in-the-world　30-4, 115-7
ソフォクレス　Sophocles　86-7, 133
それは与える　'It gives'　90, 153-6
存在　Being　8-9, 18, 24-7, 72-4, 79-81, 125-6, 150, 152-6

〈た　行〉

頽落　Falling　40-2
超越，或いは超越者　transcendence　10, 25, 29, 66, 74, 91-2, 96, 170, 189
ツィマーマン　Zimmermann, Michael　179, 188-9
ツヴィングリ　Zwingli, Huldrych　29
ディオニシウス　Dionysius（Pseudo- Areopagite）　83, 145

テイラー　Taylor, John V.　171
ティリッヒ　Tillich, Paul　9, 82-3, 145, 160, 170, 180
ディルタイ　Dilthey, Wilhelm　68
デカルト　Descartes, René　80
出来事（性起）　Event (Ereignis)　158-60, 167, 181
投企　Project (Entwurf)　36, 45, 47, 58, 60, 65, 110, 132, 170
トラークル　Trakl, Georg　151, 153

〈な　行〉

ニーチェ　Nietzsche, Friedrich　ii, 17, 20, 49, 66-7, 140, 163, 167-8
西谷　Nishitani, Keiji　191
ニュートン　Newton, Isaac　38

〈は　行〉

ハーマン　Hamann, Johann Georg　139, 142
ハイゼンベルク　Heisenberg, Werner　151, 153
ハイデガー,フリードリヒ　Heidegger, Friedrich　7
ハイデガー,マルティン（随所）　Heidegger, Martin　passim.
　—とカトリシズム　and Catholicism　7-9, 19, 84, 148
　—とギリシア哲学　and Greek philosophy　6, 16, 19, 24, 31, 87-9, 102, 108, 113, 140, 144-5, 167
　—と国家社会主義　and National Socialism　14-5, 19, 70, 147, 164, 173, 178-186
　—と神学　and theology　9, 81-5, 160-4
　—と神秘主義　and mysticism　186-91
　—と新プラトン主義　and neo-Platonism　74, 155, 186, 189
　—と無神論　and atheism　9, 11, 19, 50, 90-1, 95, 148-9, 156-7
　—の経歴　career of　7-22
　—の思惟の諸特徴　characteristics of his thinking　6-7
　—の倫理的問題の無視　his neglect of ethical questions　41, 107-8, 144
　—翻訳の問題　problem of translation　174-7
パウロ　Paul　2, 56, 82
パスカル　Pascal, Blaise　127-8
バルト　Barth, Karl　82
パルメニデス　Parmenides　3-6, 20, 26-7, 65, 87-9, 125, 134, 136, 187, 191
ヒトラー　Hitler, Adolf　14-5, 178, 184
ヒューマニズム　Humanism　13, 16, 24, 88-92, 95, 99, 134, 145, 153, 155, 157
不安　Anxiety (Angst)　44, 51, 54, 57, 73-4, 76-8, 160, 165, 171, 190
ブーバー　Buber, Martin　33-4

フッサール　Husserl, Edmund　8-9, 11, 14, 20, 71, 120
仏陀　Buddha　144
ブルトマン　Bultmann, Rudolf　9, 82, 160, 174, 180
フレーゲ　Frege, Gottlob　180
ブレンターノ　Brentano, Franz　8-9, 15, 150
ブロッホ　Bloch, Ernst　180
プロティノス　Plotinus　154, 186-8
ヘーゲル　Hegel, G. W. F.　24, 140, 168
ペトリ　Petri, Elfriede　9
ヘラクレイトス　Heraclitus　3-6, 20, 65, 87-8, 92-3
ベルグソン　Bergson, Henri　163
ヘルダーリン　Hölderlin, Friedrich　14, 102, 108-9, 140-4
ヘンスン　Henson, Hensley　i
ヘンダーソン　Henderson, Ian　174
ボーフレ　Beaufret, Jean　16, 88
ホッジス　Hodges, H. A.　189
本来性，非本来性　Authenticity, inauthenticity　29

〈ま　行〉

マルクス　Marx, Karl　168
自らのものになる（性起）　Appropriation（Ereignis）　158-9
無　Nothing（Nichts）　72-6, 81, 121, 152, 181, 190-1
ムハンマド　Mohammed　144
モーセ　Moses　144
物，物性　Things, Thinghood　7, 18, 20-1, 26, 28, 30-4, 36, 38-40, 42, 47, 60, 62, 64-5, 76, 96-103, 110-2, 116-7, 142, 152, 158, 162-3, 176, 187, 189-91
モルトマン　Moltmann, Jürgen　180

〈や　行〉

有神論　Theism　11, 91, 102, 149, 156-7
ユスティノス　Justin Martyr　4
ヨナス　Jonas, Hans　15, 180-2

〈ら　行〉

ラーナー　Rahner, Karl　9-10, 145
ライプニッツ　Leibniz, G. W.　75, 81
リチャードソン　Richardson, W. J.　19, 80, 120, 181-2
了解　Understanding　36-7, et passim.

良心　Conscience　49, 55–7, et passim.
レーヴィット　Löwith, Karl　10
歴史　History　63–5, 67–70, et passim.
ロビンソン　Robinson, E. S.　35, 175

注

＊本書におけるハイデガーからの引用箇所に対応する邦訳書とその頁を［　］内に，邦訳書名は略記号にて，頁数はさらに（　）内に指示した。略記号に関しては文献表Ⅲを参照。（訳者）

Ⅰ．原著者注

第一章　経歴と初期の著作

1．G. S. Kirk and J. E. Raven, *The Presocratic Philosophers:A Critical History with a Selection of Texts*, Cambridge University Press 1960, p.197.

2．Ibid., p.191.

3．この逸話はアリストテレスによって書き残されているものである。*Basic Works,* ed. Richard McKeon, Random House, New York 1941, p.657.ハイデガーは*LH*において引用している。［A9-6(448-9), B23(86-7), C16(120-2)］

4．Kirk and Raven, p.279.

5．Ibid., p.269.

6．*HCT*, p.236.［A20(298)］

7．*BT*, p.171.［A2(204), C5(289), C8(8)］

8. *CL*, p.71. ［A13-1(122), B8-1(6)］
9. *US*, p.96. ［A12-1(109), B21(21)］
10. *TB*, p.74. ［C3(141)］
11. Ibid., pp.79-80. ［C3(150)］
12. Charles Guignon (ed.), *The Cambridge Companion to Heidegger*, Cambridge University Press 1993, p.287, n.15. を参照。
13. Hans-Georg Gadamer, 'Anrufung des entschwundenen Gottes,' in *Evangelische Kommentare*, vol.10(1977), pp.204-8.
14. K. Löwith, *From Hegel to Nietzsche*, tr. D. E. Green, Doubleday, Garden City 1967, p.207.
15. *HCT*, p.136. ［A20(167)］
16. Ibid., p.307. ［A20(388)］
17. Richard Kroner, 'Heidegger's Private Religion' in *Union Seminary Quarterly Review*, vol.11, no.4 (1956), p.24.
18. BT, p.488. ［A2(642), C6(427), C9(308)］
19. In Guignon, p.272.
20. 上記注 17 を参照。
21. 引用は次の英訳による。Michael Heron in *Envoy*, vol.3, no.11 (1950), pp.71-5. ［A13-1(122-3), B8-1(7-9)］

第二章　日常的な非本来的実存

1. 'The Essence of Truth,' in *EB*, ed. Werner Brock, Gateway Books, Chicago 1949, p.316. ［A9-4(239), B11-1(31)］
2. 「実存主義はヒューマニズムである」はサルトルの論文の表題である。In *Existentialism from Dostoyevsky to Sartre*, ed. and tr. W. Kaufmann, Meridian Books, Cleveland 1956, pp.287-311.
3. *BT*, p.19. ［A2(3), C5(23), C7(5)］
4. St Thomas Aquinas, *Summa Theologiae* Prima Secundae q.94 a.2.
5. *BT*, p.67. ［A2(67), C5(109), C7(106)］
6. Ibid., pp.74-5. ［A2(76-7), C5(121-2), C7(123-4)］

7．現象学という主題はそれ自体一冊の本を要求するものであり，ここでは詳細に論及することはできない。私は本書の第一章において，ハイデガーの講義「時間概念の歴史」(*HCT*)における彼の現象学に関する指摘が曖昧であることについて論及したが，それにも拘わらず，ハイデガーがいかに現象学の重要性を了解していたのかに関する詳細な既述がその講義において看取される。*HCT*, pp.13-131.［A20(15-162)］
8．*BT*, pp.96-7.［A2(107), C5(161),C7(176)］
9．Ibid., p.170.［A2(202), C5(286), C8(4-5)］
10. Ibid., p.182.［A2(219), C5(309), C8(32-3)］
11. Ibid., p.272.［A2(344-5), C5(474-5), C8(237)］
12. *HCT*, p.60.［A20(73)］
13. *BT*, p.220.［A2(266), C5(372), C8(112)］
14. Ibid., p.68.［A2(68), C5(110-1), C7(108)］
15. Ibid., p.224.［A2(272), C5(380-1), C8(122)］
16. Ibid., p.225.［A2(273), C5(382), C8(124)］
17. Ibid., p.232.［A2(283-4), C5(396), C8(140)］
18. Ibid., p.237.［A2(290), C5(406), C8(152)］

第三章　覚悟した本来的実存

1．*BT*, p.274.［A2(347-8), C6(21-2), C8(241-2)］
2．Richard Kroner, 'Heidegger's Private Religion' in *Union Seminary Quarterly Review*, vol.11, no.4 (1956), p.24.
3．*BT*, p.292.［A2(372), C6(55), C8(282-3)］
4．Ibid., p.284.［A2(360), C6(39-40), C8(263)］
5．Ibid., p.310.［A2(396-7), C6(91), C8(324)］
6．Ibid., p.311.［A2(397), C6(92), C8(325)］
7．Ibid., p.303.［A2(388), C6(78), C8(309)］
8．Ibid., p.320.［A2(411), C6(111), C8(349)］
9．Jean-Paul Sartre, *Being and Nothingness*, tr. Hazel E. Barnes, Philosophical Library, New York 1956, p.615.

10. 本書 24 頁を参照。
11. *BT*, p.358. ［A2(461), C6(182), C9(21)］
12. Frederick A. Olafson in Guignon, p.103.
13. *BT*, p.499. ［A2(627), C6(408), C9(286)］
14. Ibid., p.432. ［A2(561), C6(318), C9(183)］
15. Martin Heidegger, *Nietzsche*. 詳細は文献表 I と Ⅲ を参照。
16. *BT*, p.437. ［A2(567), C6(326-7), C9(192)］
17. 本書 178-86 頁を参照。

第四章　形而上学と神学

1. *WM*, p.27. 本書における三つの英訳の内，第一のものは *EB*(p.329) から，第二のものは *BW*(p.98) からの引用であり，第三のものは筆者の翻案である。［A9-2(126), B1(40)］
2. *EB*, p.330. ［A9-2(127), B1(40)］
3. *EB*, p.336, and *BW*, p.103. ［A9-2(133-4), B1(48-9)］
4. *BW*, p.104. ［A9-2(136), B1(50-1)］
5. Ibid., p.105. ［A9-2(138), B1(53)］
6. Ibid., p.109. ［A9-2(144), B1(59)］
7. Ibid., p.112. ［A9-2(149), B1(66)］
8. *EB*, p.352. ［A9-5(386), B1(70)］
9. Ibid., p.353; *WM*, p.45. ［A9-5(386), B1(71)］
10. Ibid., pp.336, 360. ［A9-2(133), B1(48)］，［A9-4(394), B1(80)］
11. Ibid., p.335. ［A9-5(388), B1(73)］
12. Ibid. ［A9-5(389), B1(74)］
13. Ibid., p.360. ［A9-5(394), B1(80)］
14. Ibid., p.359. ［A9-5(392), B1(78)］
15. *WM*, p.7. ［A9-7(459), B1(5)］
16. *EB*, p.354. ［A9-5(387), B1(72)］
17. *WM* の 1949 年版 46 頁および，W. J. Richardson, *Heidegger: Through Phenomenology to Thought,* Martinus Nijhoff, The Hague 1963,

pp.562–5. を参照。［A9–5(387), B1(72)］

18. *IM*, p.7. ［A40(11), B9(16), C1(22)］
19. この術語が初めて用いられたのは*ID*においてであるが，その構想はすでに*IM*に看取される。
20. *ID*, p.55. ［B10(50)］
21. ガーダマーのハイデガー追悼講演。本書第一章の注13を参照。
22. *IM*, p.155. ［A40(176), B9(199), C1(255)］
23. 本書3–5頁を参照。
24. *IM*, p.203. ［A40(225), B9(257), C1(329)］
25. *BW*, pp.195–6. ［A9–6(400–1), B23(16–7), C16(22–3)］
26. Ibid., p.196. ［A9–6(401), B23(17), C16(23)］
27. Ibid., pp.196–7. ［A9–6(402), B23(18), C16(25)］
28. Ibid., p.208. ［A9–6(416), B23(38), C16(50–1)］
29. *BT*, p.255. ［A2(319), C5(442), C8(197)］
30. 引用は*BW*, p.213による。［A9–6(423), B23(49), C16(66)］
31. *BW*, p.214. ［A9–6(423), B23(50), C16(66–7)］
32. Ibid., p.221. *LH*におけるドイツ語文をここに引用しておく。'Der Mensch ist nicht der Herr des Seienden. Der Mensch ist der Hirt des Seins.' ［A9–6(432), B23(63), C16(84)］
33. Ibid., pp.233–4. ［A9–6(448–9), B23(86–7), C16(120–2)］

第五章　物と技術と芸術

1. 本書31–2頁を参照。
2. *BT*, p.95ff. ［A2(105以下), C5(158以下), C7(173以下)］
3. *BT*, pp.96–7. ［A2(107–8), C5(161), C7(176–7)］
4. *BT*, p.100. ［A2(112), C5(167), C7(182–3)］
5. 'Das Ding,' in *VA*, pp.163–81. ［C17(212–232)］
6. 本書19–22頁を参照。
7. *BW*, p.221. ［A9–6(432), B23(63), C16(84)］
8. *VA*, pp.170ff. ［C17(221以下)］

9. Aristotle, *Phys.*11, 3, in *Basic Works,* pp.240-2.
10. 本書 79 頁参照。
11. 'The Question concerning Technology,' in *BW*, pp.283-317. [B18-1(17-62)]
12. *BW*, pp.297-8. [B18-1(32-3), C18(25-6)]
13. *BW*, pp.305-6. [B18-1(45), C18(40)]
14. *BW*, p.306. [B18-1(45), C18(40)]
15. 完全なドイツ語原典は*HW*(p.7-68)を参照。英語訳においては抄訳である*BW*(pp.143-87)を参照。[A5-1(5-95), B12(3-117), C2(7-145)]
16. *BW*, p.185. [A5-1(78), B12(103), C2(120)]
17. Ibid., p.149. [A5-1(6), B12(3-4), C2(10-1)]
18. 本書 98-102 頁を参照。
19. *BW*, p.163. [A5-1(28-9), B12(32-3), C2(42-3)]
20. Ibid., pp.164-5. [A5-1(31), B12(37), C2(47)]
21. Ibid., p.165. [A5-1(31), B12(37), C2(47)]
22. Ibid., p.168. [A5-1(38), B12(48), C2(60)]
23. Ibid., p.169. [A5-1(39), B12(48), C2(60-1)]
24. Ibid., p.170. [A5-1(42), B12(52), C2(65-6)]

第六章　思惟と言語と詩

1. *BT*, pp.49-63. [A2(43-61), C5(77-100), C7(69-98)]
2. W. J. Richardson, *Heidegger : Through Phenomenology to Thought,* p.47.
3. *WCT*, p.8. [A8(14)]
4. *EB*, p.353. [A9-5(386), B1(71)]
5. 本書 81-5 頁を参照。
6. 詳細は文献表 I を参照。
7. *WCT*. pp.113-14. [A8(123-4)]
8. Ibid., p.3. [A8(9)]
9. *TB*, pp.55-73 を参照。[C10(127-155), C11(107-140)]

10. 本書 4-5 頁を参照。
11. *WCT*, pp.14-17, 23. ［A8(23-5, 33)］
12. Ibid., pp.79-80. ［A8(90-1)］
13. Ibid., p.141. ［A8(153)］
14. 『思惟の敬虔』はハイデガーの神学に関する著作集に授けられた書名である。文献一覧を参照。
15. 詳細は文献一覧を参照。
16. *DT*, p.46. ここでいわれていることは，技術とライン河に関しての指摘に関連することであり，本書○頁を参照。[B15(11)］
17. 本書 53-7 頁を参照。
18. *DT*, pp.60-1. ［B15(51)］
19. Ibid., p.81. ［B15(101-2)］
20. 本書 40 頁を参照。
21. *IM*, p.156. ［A40(177), B9(201), C1(257-8)］
22. 本書 4-5 頁を参照。
23. *BW*, p.199. ［A9-6(404), B23(22), C16(29)］
24. *US*, p.241. ［A12-3(296)］
25. *BT*, p.47. ［A2(40-1), C5(74), C7(65)］
26. *US*, p.166. ［A12-2(199)］
27. *BT*, pp.27-8. ［A2(14-5), C5(39-41), C7(21-23)］
28. Ibid., pp.55-8. ［A2(50-4), C5(87-92), C7(81-7)］
29. *IM*, pp.124-5. ［A40(137-8), B9(158), C1(203-4)］
30. *WCT*, pp.198ff. ［A8(235-6)］
31. 本書 26 頁を参照。
32. *US*, p.96. ［A12-1(109), B21(21), C19(27)］
33. Ibid., p.109. ［A12-1(126), B21(43-4), C19(51)］
34. 本書 109 頁を参照。
35. J. G. Hamann, *Aesthetica in Nuce,* in R. G.. Smith, ed., J. G. Hamann: *A Study in Christian Existence, with Selections from his Writings,* p.196.

36. 本書 68 頁を参照。
37. *EB*, p.284. [A4-2(57), B3-2(62)]
38. なぜならば，英語圏の読者はヘルダーリンの『撰詩集』をかなり容易に手に入れることができるからである(ed. Michael Hamburger, Penguin Books 1961.)。この版は英語訳付きでドイツ語原典を掲載している。ヘルダーリンの約 10 編の詩が『ドイツ詩に関するオックスフォード・ブック』に掲載されている(ed. E. L. Stahl, Oxford University Press 1967)。ハイデガーの詩に関する評価をヘルダーリンに対する彼の反応に私は制限しているが，彼に偉大な印象を与えた他の詩人たちも存在する。例えば，ステファン・ジョージ(1868-1933)，ゲオルク・トラークル(1887-1914)などである。
39. *EH*, p.95. [A4-3(138-9), B3-3(152)]
40. 本書 92-3 頁を参照。

第七章　ただ神のごときものが我々を救うことができる

1. 本書 90-1 頁を参照。
2. R. Kearney and J. S. O'Leary (eds), *Heidegger et la Question de Dieu,* Grasset 1980.
3. 私の *In Search of Deity,* SCM Press and Crossroad 1984, pp.163ff. を参照。
4. 本書 21-2 頁を参照。
5. 本書 8 頁を参照。
6. 本書 10-11 頁を参照。
7. 英訳本 *On Time and Being,* tr. Joan Stambaugh, Harper & Row 1972 には'Time and Being'と'The End of Philosophy'の論文が収められている。
8. *EB*, p.353. [A9-5(386-7), B1(71-2)]
9. *TB*, p.2. [C13(5)]
10. Ibid., p.3. [C13(8)]
11. 本書 85-92 頁を参照。

12. *TB*, p.5. ［C13(10-1)］
13. *In Search of Deity,* pp.153ff.
14. John Scotus Eriugena, *Periphyseon,* ed. I. P. Sheldon-Williams, Dublin Institute for Advanced Studies 1968, 426 C-D.
15. 本書 90-2 頁を参照。
16. John R. Williams, *Martin Heidegger's Philosophy of Religion,* Wilfrid Laurier University Press 1977, p.154.
17. *TB*, p.8.［C13(17)］
18. Ibid., p.19.［C13(38)］
19. Ibid., p.22.［C13(43)］
20. この講演原稿は *The Piety of Thinking,* ed. J. G. Hart and J. C. Maraldo, Indiana University Press 1976 に所収されている。以下 PT と略記する。
21. *PT*, p.22.［A9-1(78), B28(49)］
22. Ibid.［A9-1(79), B28(50)］
23. Ibid., p.23.［A9-1(79), B28(50-1)］
24. Ibid., p.24.［A9-1(79), B28(51)］
25. Ibid., p.26.［A9-1(83), B28(56)］
26. Ibid., p.27.［A9-1(84), B28(58-9)］
27. Ibid.［A9-1(85), B28(59)］
28. *'Nur noch ein Gott kann uns retten: Spiegel-Gespraech mit Martin Heidegger am 23. September, 1966.'* Published in *Der Spiegel,* no.26, 31 May 1976, pp.193-219.［C4(357-409)］
29. *Die Technik und die Kehre,* Neske 1962, p.46.［B18-2(78)］
30. *VA,* p.177.［C17(227)］
31. John V. Taylor, *The Christlike God,* SCM Press 1992, p.194.

第八章　残された諸問題

1. 本書 132 頁以下を参照。
2. 本書 15 頁以下を参照。
3. Michael Zimmermann, 'The Thorn in Heidegger's Side: The Question

of National Socialism,' in *Philosophical Forum,* vol.20 (1989), pp.326-65.

4. 本書 160-4 頁を参照。
5. 本書 68-70 頁を参照。
6. 本書 105-6 頁を参照。
7. W. J. Richardson, 'Heidegger and God - and Professor Jonas,' in *Thought,* vol.40 (1965), pp.13-40.
8. *IM,* p.199.[A40(221), B9(252), C1(323)]
9. In *GE,* pp.18-20.[C12(101-24)]
10. Plotinus, *Enneads* V, 3, 11.
11. Ibid., Ⅲ, 8, 9.
12. 本書 4-5 頁を参照。
13. 本書 126-8 頁を参照。
14. Plotinus, Enneads V, 5, 5.
15. *EB,* pp.342, 356.[A9-2(141), B1(56)],[A9-5(390), B1(75)]
16. M.Zimmermann, *Eclipse of the Self,* Ohio University Press 1981, p.47.
17. Ibid., pp.248-9.
18. シッカ博士の学位論文はヨーク大学に提出されたが未刊である。(訳者注記：シッカ博士の学位論文は本書出版後の 1997 年にニューヨーク州立大学より公刊されている。Sikka Sonya, *Forms of Transcendence: Heidegger and Medieval Mystical Theology,* State University of New York Press 1997)
19. W. T. Stace, *Mysticism and Philosophy,* Macmillan 1960, p.83.
20. H. A. Hodges, *God beyond Knowledge,* Macmillan 1979, p.106.
21. EB, p.336.[A9-2(133-4), B1(48-9)]
22. 本書 138 頁を参照。
23. Keiji Nishitani, *Religion and Nothingness,* tr. Jan van Bragt, University of California Press 1982, p.96.
24. 本書 4-5 頁を参照。
25. *EB,* p.356. 性起の意味に関しては本書 158-60 頁を参照。[A9-5(389),

B1(74-5)]

Ⅱ. 訳者注

1. Henson, Herbert Hensley (1863-1947) オックスフォード大学で学び，1884年同大学オール・ソウルズ・コレッジのフェロー，1920-39年英国教会ダラム教区主教。Hensley Henson lectures in theology, University of Oxfordは，現在も著名な人々を講師として招き，毎年講義を開催することが原則となっているが，近年は必ずしも毎年開講されている訳ではない。
2. ハイデガーがフライブルク大学神学部に入学したのは1909年冬学期のことであり，彼が哲学部に転部したのは1911年冬学期のことである。
3. [A13-1(123), B8-1(9)]
4. [A13-1(124), B8-1(11-2)]
5. [A2(288-9), C5(403), C8(149)]
6. [A9-2(137), B1(52-3)]
7. [A9-6(423), B23(49), C16(56)]
8. [A9-3(196), A9-6(443)]
9. [A9-6(444)]
10. [B18-1(50)]
11. [A5-1(30), B12(36), C2(45-6)]
12. [A5-1(31), B12(36-7), C2(46)]
13. [A8(151)]
14. [B15(49-50)]
15. [A39(43)]
16. [A39(37-8)]
17. [A39(162)]
18. [A9-1(78-9), B28(49-50)]
19. [A9-1(79), B28(51)]
20. [C4(388-9)]

21. ［C4(389)］
22. ［C4(389-90)］
23. ［C4(390-1)］
24. ［C12(113-4)］

Ⅲ. 訳者付論注

1. John Macquarrie, *AN EXISTENTIALIST THEOLOGY A Comparison of Heidegger and Bultmann,* 1965 by Harper & Row, Publishers, Ltd., New York. p.viii.
2. ibid., p.32.
3. Martin Heidegger, *Sein und Zeit,* Max Niemeyer Verlag Tübingen, 15. Auflage 1979, 2. Druck, vgl. § 9.

4-7. John Macquarrie, *AN EXISTENTIALIST THEOLOGY,* pp.40-42.

8. Cf. I Cor.9.27 ; Rom.6.12 ff. ; 12.1.
9. Rom.7.24.
10. John Macquarrie, *AN EXISTENTIALIST THEOLOGY,* p.43.
11. ibid., p.50.
12. ibid., p.51.
13. ibid., pp.54-55.
14. ibid., pp.55-56.
15. ibid., pp.62-63.
16. John Macquarrie, *AN EXISTENTIALIST THEOLOGY,* p.78.
17. II Cor.4.6.
18. John Macquarrie, *AN EXISTENTIALIST THEOLOGY,* p.79.
19. Gal.2.20.
20. John Macquarrie, *AN EXISTENTIALIST THEOLOGY,* p.105.
21. ibid., p.102.
22. Martin Heidegger, *Sein und Zeit,* S.177f.
23. Rom.8.5 ; II Cor.1.17 ; 10.2.

24. John Macquarrie, *AN EXISTENTIALIST THEOLOGY,* p.105.
25. ibid., p.106.
26-29. ibid., p.109.
30. Gal.5.16.
31-32. John Macquarrie, *AN EXISTENTIALIST THEOLOGY,* p.106.
33. Rom.2.17 ff. ; I Cor.1.19-31.
34. John Macquarrie, *AN EXISTENTIALIST THEOLOGY,* pp.98-100.
35. ibid., p.99.
36. ibid., p.79.
37-39. ibid., pp.151-152.
40. ibid., p.150, p.196, pp.206-207.
41. ibid., pp.208-210.
42. ibid., pp.6-8.
43. Martin Heidegger, *Sein und Zeit,* S.10.
44. John Macquarrie, *AN EXISTENTIALIST THEOLOGY,* pp.107-108, pp.238-239.
45. ibid., p.4, pp.23-24, pp.242-243.
46. Martin Heidegger, *EINLEITUNG IN DIE PHÄNOMENOLOGIE DER RELIGION,* in PHANOMENOLOGIE DES RELIGIOSEN LEBENS, Gesamtausgabe Band 60, vgl. § 13.
47. Martin Heidegger, *PHÄNOMENOLOGIE UND THEOLOGIE,* in WEGMARKEN, Gesamtausgabe Band 2, S.65.
48. Karl Löwith, *PHÄNOMENOLOGISCHE ONTOLOGIE UND PROTESTANTISCHE THEOLOGIE* 1930, in WISSEN, GLAUBE, UND SKEPSIS, Samtliche Schriften Band 3, S.1-32.
49. Martin Heidegger, *Sein und Zeit,* S.42-3, 180.

文献表

I．ハイデガー著作一覧

この文献表に含まれているのは，本書において引用された講義・著作等である。これらの著作等は注においては略語にて指示されている。例えば『存在と時間（*Being and Time*）』は*BT*と略記されている。引用に関しては，大抵は入手可能な英訳書からの引用であるが，ドイツ語原典から直接私が翻訳引用した場合もある。以下の著作一覧において，略語が同一になるものに関しては，出版された際の表題を完全に記し，なおかつ含まれている著作名を詳細に明示した。ハイデガーの決定版全集はいまだに公刊途中である。各事項の末尾に記載されているGA（Gesamtausgabe）とそれに続く数字はこの決定版の全集の巻数を表わしている。その全集はフランクフルト・アム・マインのヴィットーリオ・クロスターマン社によって約100巻の予定で計画されていたが，下記の一覧に指示した情報は1992年末に訂正されたものに基付いている。

＊クロスターマン社の決定版ハイデガー全集に関しては，現下において公刊されているものを付記した。（訳者）

〈*BP*〉

Die Grundprobleme der Phänomenologie, Vittorio Klostermann, 1975.（1927年講義） 英訳: *Basic Problems of Phenomenology,* tr. A. Hofstadter,

Indiana University Press, Bloomington 1982.　GA24 (1975).

〈*BT*〉

Sein und Zeit, Max Niemeyer, Tübingen 1927.　英訳: *Being and Time,* SCM Press, London; Blackwell, Oxford; Harper & Row, New York 1962.　GA2 (1977).

〈*BW*〉

英訳のみ: *Basic Writings,* ed. D. F. Krell, various translators, Harper & Row; Routledge & Kegan Paul, London 1978. ('What is Metaphysics?'『形而上学とは何であるか』; 'On the Essence of Truth'『真理の本質について』; 'The Origin of the Work of Art'『芸術作品の起源』; 'Letter on Humanism'『ヒューマニズムに関する書簡』; 'The Question concerning Technology'『技術への問い』等を含む)

〈*CL*〉

Der Feldweg, Vittorio Klostermann, 1953. (1949年頃に起筆され，最初は個人的に配布されていた) 英訳: 'The Country Lane', tr. Michael Heron, in Envoy, vol. 3, no. 11. pp.71-5.

〈*DT*〉

Gelassenheit, Günther Neske, Pfullingen 1959.　英訳: *Discourse on Thinking,* tr. J. M. Anderson and E. H. Freund. Harper & Row 1966.

〈*EB*〉

英訳のみ: *Existence and Being,* ed. Werner Brock, various translators. Henry Regnery, Chicago 1949. ('On the Essence of Truth'『真理の本質について』; 'Remembrance of the Poet'『帰郷／近親者に寄す』 'Hölderlin and the Essence of Poetry'『ヘルダーリンと詩の本質』; 'What is Metaphysics? with postscript'『形而上学とは何であるか (後記付)』を含む。

〈*EH*〉

Erläuterungen zu Hölderlins Dichtung, Vittorio Klostermann 1944. GA4 (1981).

⟨*FW*⟩

CL を参照。

⟨*GE*⟩

英訳のみ： *German Existentialism,* tr. D. D. Runes, Philosophical Library, New York 1965.（'The Self-Assertion of the German Universities'『ドイツ的大学の自己主張』と大学総長職に関する諸演説を含む。総長就任演説のドイツ語原本はブレスラウのコルン書店より 1933 年に刊行された）

⟨*HCT*⟩

Prolegomena zur Geschichte des Zeitbegriffs,（1925 年講義）英訳：*History of the Concept of Time,* Indiana University Press 1992. GA20（1979）.

⟨*HW*⟩

Holzwege, Vittorio Klostermann 1950.（'Der Ursprung des Kunstwerkes'『芸術作品の起源』を含めた 6 つの長い論文を所収。BW を参照） GA5（1977）

⟨*ID*⟩

Identität und Differenz, Neske 1957. 英訳: *Identity and Difference,* Harper & Row, 1969. GA11（2006）.

⟨*IM*⟩

Einführung in die Metaphysik, Niemeyer 1953.（1935 年講義） 英訳: *Introduction to Metaphysics,* tr. Ralph Mannheim, Yale University Press 1959. GA40（1983）.

⟨*KPM*⟩

Kant und das Problem der Metaphysik, Cohen, Bonn 1929. 英訳: *Kant and the Problem of Metaphysics,* tr. J. S. Churchill, Indiana University Press. GA3（1991）.

⟨*LH*⟩

'Letter on Humanism' in *BW.*（下記 *UH* を参照）

⟨*N*⟩

Nietzsche, 2 vols, Neske 1961. 英訳: *Nietzsche,* 4 vols, tr. D. F. Krell, Harper

& Row, 1979 – 82.GA6-1(1996), GA6-2 (1997), GA43 (1985), GA44 (1786).

〈*PT*〉

英訳のみ: *The Piety of Thinking,* J. G. Hart and J. C. Maraldo, Indiana University Press 1976.（1927年から1964年の間における神学に関する諸論文を含む）

〈*QCT*〉

'The Question concerning Technology,'（*BW*と*VA*を参照）

〈*TB*〉

On Time and Being, tr. Joan Stambaugh, Harper & Row, 1972.（'Time and Being'「時と有」と'The End of Philosophy and the Task of Thinking'「哲学の終わりと思惟の使命」の論文を含む。*VA*を参照）

〈*UH*〉

Über den Humanismus, Vittorio Klostermann 1947.（*BW*を参照）

〈*US*〉

Unterwegs zur Sprache, Neske 1959. 英訳: *On the Way to Language,* tr. P. D. Hertz, Harper & Row, 1971. GA12 (1985).

〈*VA*〉

Vorträge und Aufsätze, Neske 1954.（重要な論文集であり，その幾つかの英訳は*BW*と*TB*を参照）GA7 (2000).

〈*WCT*〉

Was heißt Denken? Niemeyer 1954.英訳: *What Is Called Thinking?* tr. F. D. Wieck and J. G. Gray, Harper & Row 1954. GA8(2002).

〈*WM*〉

Was Ist Metaphysik? Vittorio Klostermann 1949.（1929年就任講義，1943年に後記，1949年に序論が付記された）英訳は*EB*（後記のみ付記）と*BW*（就任講義のみ）を参照。

〈*WW*〉

Das Wesen der Wahrheit, Vittorio Klostermann 1943. 英訳: 'The Essence of Truth' in *EB* and *BW*.

Ⅱ. ハイデガー関係文献一覧

1. Biemel,Walter, *Martin Heidegger : An Illustrated Study,* tr. J. L. Mehta, Routledge 1977.
2. Caputo, John D., *Heidegger and Aquinas, An Essay on Overcoming Metaphysics,* Fordham University Press 1982.
3. Fell, Joseph P., *Heidegger and Sartre An Essay on Being and Place,* Columbia University Press 1979.
4. Gadamer, H. -G., 'Anrufung des entschwundenen Gottes,' in *Evangelische Kommentare,* vol.10(1977), pp.204-8.
5. Gelven, Michael, *A Commentary on Heidegger's Being and Time,* Harper & Row 1970.
6. Grene, Marjorie, *Martin Heidegger,* Bowes & Bowes 1957.
7. Guignon, Charles (ed.), *The Cambridge Companion to Heidegger,* Cambridge University Press 1993.
8. Kearney, Richard and O'Leary, J. S. (ed.), *Heidegger et la Question de Dieu,* Grasset 1980.
9. Kroner, Richard, 'Heidegger's Private Religion,' in *Union Seminary Quarterly Review,* vol.11(1956), no.4,p.24.
10. Langan, Thomas, *The Meaning of Heidegger A Critical Study of an Existentialist Phenomenology,* Columbia University Press 1959.
11. Macquarrie, John, *An Existentialist Theology: A Comparison of Heidegger and Bultmann,* SCM Press 1955.
12. Macquarrie, John, *Martin Heidegger,* Lutterworth Press 1968.
13. Marx, Werner, *Heidegger und die Tradition,* Niemeyer 1962.
14. Ott, Hugo, *Heidegger: A Political Life,* tr. Allan Blunden, HarperCollins 1993.
15. Richardson, W. J., *Heidegger: Through Phenomenology to Thought,* Nijhoff 1963.
16. Seidel, George J., *Martin Heidegger and the Presocratics,* University of

Nebraska Press 1964.

17. Versenyi, Laszlo, *Heidegger, Being and Truth,* Yale University Press 1965.
18. Vycinas, Vincent, *Earth and Gods: An Introduction to the Philosophy of Martin Heidegger,* Nijhoff 1961.
19. Waelhens, A. de, *La Philosophie de Martin Heidegger,* Publications Universitaires de Louvain 1942.
20. Zimmermann, Michael, *Eclipse of the Self,* Ohio University Press 1981.

Ⅲ. ハイデガー著作翻訳書一覧（訳者作成）

本書において引用あるいは参照されたハイデガーの講義・著作等で，さらに理解を深めたい読者諸氏の為に，すでに邦訳のあるものを一覧にして記載する。同じ著作において複数の邦訳書が出版されている場合が多くあるが，下記の一覧では，主に『決定版ハイデッガー全集』（創文社）ないし『ハイデッガー選集』（理想社）を基本として，時にはそれ以外の翻訳書を指示してある。［　］内は翻訳書の略記号である。

(A)『決定版ハイデッガー全集』（創文社）

［A2］第 2 巻『有と時』（1927）1997 年。

［A3］第 3 巻『カントと形而上学の問題』（1929）2003 年。

［A4］第 4 巻『ヘルダーリンの詩作の解明』（1936-68）1997 年。

・［A4-1］「帰郷／つながりのある人たちに宛てて」（1943）

・［A4-2］「ヘルダーリンと詩作の本性」（1936）

・［A4-3］「追想」（1943）

［A5］第 5 巻『杣径』（1935-46）1988 年。

・［A5-1］「芸術作品の起源」（1935/36）

[A6-1] 第6-1巻『ニーチェⅠ』(1936-46) 2000年。
[A6-2] 第6-2巻『ニーチェⅡ』(1936-46) 2004年。
[A7] 第7巻『講演と論文』(1936-53) 未刊。
[A8] 第8巻『思惟とは何の謂いか』(1951-52) 2006年。
[A9] 第9巻『道標』(1919-61) 1985年。
・[A9-1]「現象学と神学」(1927)
・[A9-2]「形而上学とは何であるか」(1929)
・[A9-3]「根拠の本質について」(1929)
・[A9-4]「真性の本質について」(1930)
・[A9-5]「『形而上学とは何であるか』への後記」(1943)
・[A9-6]「ヒューマニズムに関する書簡」(1946)
・[A9-7]「『形而上学とは何であるか』への序論」(1949)
[A11] 第11巻『同一性と相異』(1955-57) 未刊。
[A12] 第12巻『言葉への途上』(1950-59) 1996年。
・[A12-1]「言葉についての対話より」(1953/54)
・[A12-2]「言葉の本質」(1957/58)
・[A12-3]「言葉への道」(1959)
[A13] 第13巻『思惟の経験から』(1910-72) 1994年。
・[A13-1]「野の道」(1949)
[A14] 第14巻『思索の事柄へ』(1962-64) 未刊。
[A20] 第20巻『時間概念の歴史への序説』(1925夏学期) 1988年。
[A24] 第24巻『現象学の根本諸問題』(1927夏学期) 2001年。
[A39] 第39巻『ヘルダーリンの讃歌「ゲルマーニエン」と「ライン」』(1934/35冬学期) 1980年。
[A40] 第40巻『形而上学入門』(1935夏学期) 2000年。
[A43] 第43巻『ニーチェ，芸術としての力への意志』(1936/37冬学期) 1992年。
[A44] 第44巻『西洋的思考におけるニーチェの形而上学的な根本の立場』(1937夏学期) 2007年。

(B)『ハイデッガー選集』(理想社)

［B1］第 1 巻『形而上学とは何か』1954 年。
［B3］第 3 巻『ヘルダーリンの詩の解明』1962 年。
・［B3-1］「帰郷—近親者に寄す」
・［B3-2］「ヘルダーリンと詩の本質」
・［B3-3］「追想」
［B8］第 8 巻『野の道・ヘーベル—家の友』1960 年。
・［B8-1］「野の道」
［B9］第 9 巻『形而上学入門』1960 年。
［B10］第 10 巻『同一性と差異性』1961 年。
［B11］第 11 巻『真理の本質について・プラトンの真理論』1961 年。
・［B11-1］「真理の本質について」
［B12］第 12 巻『芸術作品のはじまり』1961 年。
［B15］第 15 巻『放下』1963 年。
［B16］第 16 巻『存在と時間（上)』1963 年。
［B17］第 17 巻『存在と時間（下)』1964 年。
［B18］第 18 巻『技術論』1965 年。
・［B18-1］「技術への問い」
・［B18-2］「転向」
［B19］第 19 巻『カントと形而上学の問題』1967 年。
［B21］第 21 巻『ことばについての対話』1968 年。
［B23］第 23 巻『ヒューマニズムについて』1974 年。
［B24］第 24 巻『ニーチェ(上)』1975 年。
［B25］第 25 巻『ニーチェ(中)』1977 年。
［B28］第 28 巻『現象学と神学』1981 年。

(C) その他

［C1］『形而上学入門』(1935)，川原栄峰訳，平凡社ライブラリー，1994 年。

(『ハイデッガー選集』第 9 巻を基にしたものである)

［C2］『芸術作品の根源』(1935/36)，関口浩訳，平凡社ライブラリー，2008

年。
[C3]「現象学へ入って行った私の道」(1963)，辻村公一訳『思索の事柄へ』所収，筑摩書房，1973年。
[C4]「シュピーゲル対談」(1966)，川原栄峰訳『形而上学入門』所収，平凡社ライブラリー，1994年。
[C5]『存在と時間（上)』(1927)，細谷貞雄訳，ちくま学芸文庫，1994年。(前掲書『ハイデッガー選集』第16巻を基にしたものである)
[C6]『存在と時間（下)』(1927)，細谷貞雄訳，ちくま学芸文庫，1994年。(前掲書『ハイデッガー選集』第17巻を基にしたものである)
[C7]『存在と時間Ⅰ』(1927)，原佑・渡辺二郎訳，中公クラシックス，2003年。
[C8]『存在と時間Ⅱ』(1927)，原佑・渡辺二郎訳，中公クラシックス，2003年。
[C9]『存在と時間Ⅲ』(1927)，原佑・渡辺二郎訳，中公クラシックス，2003年。
[C10]「哲学の終わりと思惟の使命」(1964)，川原栄峰訳『生けるキルケゴール』所収，人文書院，1967年。
[C11]「哲学の終末と思索の課題」(1964)，辻村公一訳『思索の事柄へ』所収，筑摩書房，1973年。
[C12]「ドイツ的大学の自己主張」(1933)，清水多吉・手川誠士郎編訳『30年代の危機と哲学』所収，平凡社ライブラリー，1999年。
[C13]・「時と有」(1962)，辻村公一訳『思索の事柄へ』所収，筑摩書房，1973年。
[C14]『ニーチェⅠ』(1936-46)，細谷貞雄監訳，平凡社ライブラリー，1997年。(前掲書『ハイデッガー選集』第24巻を改題したものである)
[C15]『ニーチェⅡ』(1936-46)，細谷貞雄監訳，平凡社ライブラリー，1997年。(前掲書『ハイデッガー選集』第25巻を改題したものである)
[C16]『「ヒューマニズム」について』(1946)，渡辺二郎訳，ちくま学芸文庫，1997年。
[C17]「物」(1949)，茅野良男訳『ハイデッガー』所収，人類の知的遺産75,

講談社，1984 年。

［C18］「技術への問い」（1953），関口浩訳『技術への問い』所収，平凡社，2009 年。

［C19］『言葉についての対話』（1953/54），高田珠樹訳，平凡社ライブラリー，2000 年。

ジョン・マクウォーリー（John Macquarrie）
1919年に生まれる。グラスゴー大学に学び，1954年にPh.Dを取得。オックスフォード大学レイディ・マーガレット講座の教授職などを務めた。ハイデガーの『存在と時間』の英訳者の一人。2007年に逝去。

村上　喜良（むらかみ　きよし）
1957年，石川県金沢市に生まれる。1993年，上智大学大学院哲学研究科哲学専攻博士後期課程退学。現在，立正大学文学部哲学科教授を務める。著書に『基礎から学ぶ生命倫理学』（勁草書房，2008），訳書に『はじめての生命倫理』（勁草書房，2004），「神と時―モデルネの境域における神学と形而上学―」（『神学ダイジェスト』第90巻2001）がある。またハイデガーや神学に関する諸論文がある。

ハイデガーとキリスト教

2013年２月20日　第1版第1刷発行

著　者　ジョン・マクウォーリー
訳　者　村　上　喜　良
発行者　井　村　寿　人

発行所　株式会社　勁《けい》　草《そう》　書　房

112-0005 東京都文京区水道2-1-1　振替 00150-2-175253
（編集）電話 03-3815-5277／FAX 03-3814-6968
（営業）電話 03-3814-6861／FAX 03-3814-6854
堀内印刷所・青木製本所

ISBN978-4-326-15425-8　Printed in Japan